韦晓英◎著

U0717390

悖论式领导行为
对员工变革支持行为的
双刃剑效应研究

RESEARCH ON THE DOUBLE-EDGED EFFECT OF PARADOXICAL
LEADERSHIP BEHAVIOR ON
EMPLOYEES' CHANGE-SUPPORTIVE BEHAVIOR

经济管理出版社
ECONOMY & MANAGEMENT PUBLISHING HOUSE

图书在版编目（CIP）数据

悖论式领导行为对员工变革支持行为的双刃剑效应研究 ／ 韦晓英著. —— 北京：经济管理出版社，2025.

ISBN 978-7-5243-0191-2

Ⅰ. F272.91

中国国家版本馆 CIP 数据核字第 2025W8Y938 号

组稿编辑：赵亚荣
责任编辑：赵亚荣
责任印制：许　艳
责任校对：蔡晓臻

出版发行：经济管理出版社
　　　　　（北京市海淀区北蜂窝 8 号中雅大厦 A 座 11 层　100038）
网　　址：www. E-mp. com. cn
电　　话：（010）51915602
印　　刷：唐山昊达印刷有限公司
经　　销：新华书店
开　　本：720mm×1000mm/16
印　　张：11.75
字　　数：202 千字
版　　次：2025 年 2 月第 1 版　　2025 年 2 月第 1 次印刷
书　　号：ISBN 978-7-5243-0191-2
定　　价：68.00 元

前　言

　　当前，全球经济发展正经历前所未有的变革动荡期，企业需要不断变革才能适应快速变化的外部环境，企业组织变革已成为常态，如何推动组织成功变革成为企业管理者和研究者关注的热点问题之一。但相关研究和统计发现，即便经过周密的计划和高额的投资，组织变革的成功率仍然很低，原因是忽视了员工对变革活动支持的重要性，即员工是否拥有变革支持行为。因此，在组织变革领域，很多学者围绕如何促进员工变革支持行为展开研究，其前因被分为员工个体因素和情境因素。其中，个体因素包括个体特质和个体认知；情境因素主要包括变革事件特征、组织因素和领导因素。在情境因素中，领导因素被认为是主要因素，因为领导控制着组织的关键资源并影响组织制度和组织文化，对员工态度和行为产生直接或者间接的影响。因此，关于领导与员工变革支持行为关系的研究一直是组织变革研究领域的重要课题。

　　但是，从研究现状来看，现有研究主要聚焦于变革型领导行为、魅力型领导行为、德行领导行为、包容型领导行为等单一结构的领导行为与员工变革支持行为关系的探讨。随着组织环境日益复杂化，"非此即彼、非黑即白"的传统领导行为已无法解决组织管理中时常存在的矛盾悖论两难困境。因此，学界近年来提出"悖论式领导行为"这一整合矛盾两端悖论性的新型领导行为，认为悖论式领导行为具有系统整体思维和矛盾优化整合性特征，能有效应对复杂环境下组织管理时常存在的相互依存的矛盾性问题。然而，悖论式领导行为本身具有矛盾的两面性特征，可能对员工变革支持行为造成两面性影响，但截至目前，学界尚缺乏有关这一影响的过程机制和边界条件的研究成果。为了弥补这一理论研究上的空隙，本书基于资源保存理论的资源增益和资源损耗机制，探讨悖论式领导行为可能同时通过变革承诺的情感路径和角色压力的认知路径对员工变革支持行为存在双面性影响，基于资源保存理论的初始资源效应原则，探讨员工主动性人格在这一影响过程中的调节边界作用。

首先，以资源保存理论为研究基础理论，通过理论基础与文献回顾，梳理相关研究概念的理论观点和研究现状。其次，采用单案例研究法选择具有典型代表性的企业华为公司作为案例研究对象，采用程序化扎根理论对华为员工的访谈资料和华为相关的二手资料进行编码，识别华为在 IPD 项目变革过程中领导行为方式具有的悖论式领导行为特征，以及员工对领导行为感知而产生的态度行为反应，剖析组织变革过程中悖论式领导扮演的角色和发挥的作用，阐述将悖论式领导引入组织变革领域进行研究的必要性，初步探讨悖论式领导行为对员工变革支持行为可能存在的影响作用机制。再次，在案例研究的基础上，结合文献回顾已有的相关研究结果以及理论分析，基于资源保存理论构建了一个有调节的双路径（资源增益路径和资源损益路径）的理论模型，通过理论推演提出相关假设。最后，采用实证分析法对假设进行检验，先后对来自东莞、南宁、桂林、百色、南昌等地 6 家正处于变革时期或已经历变革的企业进行配对的问卷调查，获得 58 位领导与 388 位直接下属的有效配对问卷，运用 SPSS 22.0 和 Amos 22.0 软件进行数据分析和检验，验证研究假设，得出以下研究结论：悖论式领导行为通过员工变革情感承诺和变革规范承诺的中介作用积极影响员工变革支持行为，员工主动性人格正向调节悖论式领导行为与员工变革情感承诺、变革规范承诺的关系，并且正向调节变革情感承诺和变革规范承诺的中介作用；悖论式领导行为通过员工角色压力的中介作用消极影响员工变革支持行为，员工主动性人格负向调节悖论式领导行为与员工角色压力的关系，并且负向调节员工角色压力的中介作用。

本书的创新点在于以下四个方面：

（1）将悖论式领导引入组织变革领域，从悖论式领导行为视角探讨驱动员工变革支持行为的影响因素。随着环境日益复杂和动态化，悖论式领导行为的辩证统一性特征与企业动态变化的生存环境实现良好的匹配，并能较好地应对组织复杂性的矛盾张力问题。但本身具有矛盾双重特征的悖论式领导行为与员工变革支持行为之间的关系机制如何尚未得到充分分析。为适应环境需要，与以往研究不同的是，本书聚焦于探讨具有矛盾两面整合特征的悖论式领导行为与员工变革支持行为的关系，研究结论丰富了员工变革支持行为的前驱因素的相关研究，研究成果能为复杂环境下的组织变革管理实践提供理论指导和启示作用。

（2）开拓悖论式领导行为新的研究视角。本书基于资源增益和资源损耗机制，构建悖论式领导行为对员工变革支持行为双面性影响作用的理论模型，研究结论证实了悖论式领导行为同时通过积极和消极两条路径对员工变革支持行为产生双刃剑的作用。以往研究大多关注悖论式领导行为的积极作用，但随着研究逐渐深入，部分学者发现悖论式领导行为在特定条件下对员工行为绩效产生消极的作用。悖论式领导行为本身具有矛盾两面性，如果单一研究其中一方面对员工行为产生的影响作用，研究结论可能具有片面性，本书从悖论式领导行为的两面性出发，拓展了悖论式领导行为影响效应的研究视角，同时研究结论回应了前期学者研究结论的不一致问题。

（3）构建了悖论式领导行为作用于员工变革支持行为的双重路径机制。现有研究大多从情感机制、认知机制或动机机制等单一层面探讨领导行为激发员工变革支持行为的作用机制。与此不同的是，本书从情感和认知双路径探讨悖论式领导行为对员工变革支持行为的影响机制，能够更加清晰、准确地揭示悖论式领导行为在员工变革支持行为形成过程中的作用机制。

（4）识别了员工主动性人格在悖论式领导行为与员工变革支持行为关系的双路径影响过程中具有调节作用。以往相关研究大多考虑员工认知层面变量的边界条件，但不同人格特质个体的认知情感单元不同，面对同一情境时，态度和行为反应存在差异性，本书探讨了员工主动性人格在悖论式领导行为对员工变革支持行为双面性影响机制中的影响边界条件作用，更系统和全面地揭示了悖论式领导行为对员工变革支持行为双刃剑效应的影响机制，研究结论丰富了悖论式领导行为影响员工变革支持行为作用机制的情境因素相关理论研究。

目　录

第1章　绪论

1.1　研究背景及研究问题

1.1.1　现实背景

当今世界正经历百年未有之大变局。一方面，产业变革的深入，以及大数据、云计算、生物技术、人工智能等新兴技术的快速发展，为企业发展带来新的机遇和挑战（Benn & Dunphy，2014）。另一方面，2020 年的全球公共卫生事件对全球经济造成了深刻影响，经济运转经历了前所未有的变革动荡期。对我国来说，当前我国正处于经济发展转型变革的关键时期。习近平总书记在党的十九大报告中提出，推动经济发展质量变革、效率变革、动力变革，提高全要素生产率。在党的二十大报告中，习近平总书记强调要坚持以推动高质量发展为主题，着力提高全要素生产率，坚持科技是第一生产力、人才是第一资源、创新是第一动力。在这种环境下，企业只有不断整合组织资源，进行持续性变革和创新，才能适应时代变革的需求（Miller et al.，2021；Armenakis et al.，2007）。

在日益复杂和不确定的经济环境下，企业组织变革已成为常态（Runtian et al.，2014），但是组织变革并非轻而易举的事，组织变革成功率低已是实践界和理论界的共识。已有研究证实了组织变革成功率低的很大原因是忽视了员工对变革活动的支持，即员工是否拥有变革支持行为（Kim et al.，2011）。员工是组织变革成功的关键因素，组织变革过程需要员工为推动组织变革成功而积极主动参与变革活动并做出自己的贡献（Kim et al.，2011）。领导是组织变革的发起者和推动者，领导行为和管理策略影响着组织变革的过程和结果，同时也是员工支持变革活动的关键影响因素（王雁飞等，2021）。当前企业新生代员工占主体地位，他们个性凸显，表现出需求的多样化特性，对于工作自主性的需求不断提升，他们渴望被认可和尊重，敢于承担责任，但内心希望得到支持和关心（Grant & Berry，2019；Bouckenooghe et al.，2014；Franken et al.，2020）。在此背景下，组织管理者面临越来越多的管理悖论问题（Xue et al.，2020）。一方面，在组织外部环境中，企业组织需要不断变革以适应易变、动荡的组织环境，同时组织也需要追求稳定以保证经济效益的平稳发展（Alhaddad，2015），管理者时常需要不断处理变革与稳定的关系、短期利益与长远发展的关系、竞争与合作的关系（Zhang et al.，2017）。另一方面，在组织内部环境中，管理者既要满足组织发展需求，又要满足员工个性化需求，既要保证战略方向不变，又要允许员工拥有决策自主权，时常需要同时处理集权与分权、任务目标与人性关怀、效率与柔性、个人与集体等表面冲突但实际相互依赖、共同存在的管理悖论问题（Meyer et al.，2007；Zhang et al.，2015）。

在这种情况下，传统的"非此即彼"的单一领导行为方式已经很难应付管理中的悖论问题（Schneider et al.，2011）。在组织变革的复杂环境下，要有效解决组织变革中的悖论问题，需要领导具备综合运用矛盾整合系统思维和悖论问题的处理能力，正确处理企业变革所面临的相互依存的矛盾性问题，如此才能有效推动企业组织成功变革。由此，作为东方文化的精髓，蕴含系统论和对立统一辩证思想的阴阳哲学观为解决组织变革管理悖论问题提供了理论指导和启示。阴阳哲学观强调阴阳平衡，万事万物都是一个动态平衡体系，"过犹不及，物极必反""阳盛则外热，阴盛则内寒"等均是阴阳平衡观的体现（蔺彩娜，2012）。从这一角度看，企业生存的内外部环境本就是一个动态平衡的生态体系，企业管理者需要具备阴阳平衡的系统思想才能应对组织内外部易变动态性，帮助企业在管理悖论中取得平衡（Tripathi，2017）。因此，悖论式领导行为（Paradoxical Leader Behaviors，PLB）逐渐成为学界和业界关注的热点，尤其是在组织变革过程中，领导逐渐意识到平衡悖论张力的重要性，既要有迅速转向新机会的能力，又要有迅速适应市场的能力，既要探索变革和开发，又要保持稳定发展，既要重视变化和矛盾冲突带来的机遇，又要处理矛盾冲突带来的问题（Zhang et al.，2015；任正非，2010；武亚军，2013）。变革管理中，领导单一强调一方面而忽略另一方面均是不可取的（Zhang et al.，2015），而具有矛盾整合特征的悖论式领导行为被认为能较有效应对组织复杂性的矛盾张力问题（Lavine，2014；Zhang et al.，2015；刘善堂、刘洪，2015），并在业界和学界得到了广泛研究和应用。

悖论式领导行为主要是指运用悖论思维协调和整合矛盾因素的领导行为方式（Zhang et al.，2015）。悖论式领导行为的辩证统一性特征与企业动态变化的生存环境实现良好的匹配，其矛盾整合的悖论式思维和行为方式能够实现组织目标与员工需求的双重满足（Lewis et al.，2014；Waldman & Bowen，2016；Zhang et al.，2015）。与此同时，悖论式领导行为在企业实践中逐渐被运用并证实能有效推动组织变革成功（吴晓波，2017）。例如，"灰度管理"是华为的核心价值观（任正非，2010），华为灰度管理理论被认为是悖论式领导行为在本土企业的有效管理实践（武亚军，2013；陈海英，2017；魏江茹等，2020）。华为灰度管理理论在领导管理组织变革中发挥重要的作用，推动华为组织变革不断取得成功。国内学者吴晓波（2017）通过不断跟踪调查华为的组织变革历程，并对华为组织变革管理进行调查和研究，认为华为组织变革的成功归因于强有力的领导力及企业集体成员的积极参与和支持。华为将灰度管理理论贯穿于组织管理的方方面面，要求公司部门和团队领导都要有灰度管理思想和管理能力。在华为领导班子的表率和带领下，华为员工积极参与和支持组织变革，例如曾经发生的华为换工号的人事管理变革中，公司7000多名老员工集体辞职后又重新竞聘上岗，这些事件都足以证明华为员工对组织变革的全力支持和参与并为推动组织变革成功做出积极贡献。同样地，悖论式领导行为在实践界被越来越多的企业应用，并被证实是推动组织变革的有效领导方式，海尔的"人单合一"管理模式实际上就是整合了生产者与消费者之间矛盾悖论关系的悖论式领导行为方式，其成功通过"人单合一"的组织变革推动海尔获得了持续性发展。

当前企业面临的环境日益动态化，企业需要不断变革和创新，而员工是组织变革的参与者，员工变革支持行为是组织变革成功的关键性因素（Kim et al.，

2011；Shin et al.，2012）。在复杂环境下，企业推动组织变革需要处理各种矛盾悖论问题，悖论式领导行为被认为是能较有效应对组织复杂性悖论问题的领导行为方式，同时，悖论式领导行为在我国本土企业管理中也得到了有效实践。因此，有必要将悖论式领导引入组织变革领域进行研究，探讨悖论式领导在推动组织变革过程中的领导行为对员工变革支持行为的效用和作用机制，充分发挥悖论式领导在组织变革中的效用是实践界亟待解决的问题。

1.1.2 理论背景

组织变革是组织发展中的永恒主题（Herold et al.，2008；Abrell-Vogel & Rowold，2014），但是组织变革能否取得预期效果很大程度上取决于员工对变革活动的支持与否（Kim et al.，2011；Shin et al.，2012），即员工是否拥有变革支持行为。因此，在组织变革研究领域，很多学者研究如何激发员工产生变革支持行为（Stanley et al.，2005；Oreg，2006；Herold et al.，2008；Kim et al.，2011），并将其前因分为员工个体因素和情境因素。其中，员工个体因素包括员工个体特质和个体认知两方面；情境因素主要包括变革事件特征、组织因素和领导因素。其中，变革事件特征包括变革规模大小（Fedor et al.，2006）、变革进程和变革速度、变革后果（宁静，2013）等；组织因素包括组织制度和组织结构（Shin et al.，2012）、组织文化和领导因素（包括领导风格、领导行为、领导与下属关系等）（王雁飞等，2021）。在情境因素中，领导因素被认为是主要因素，因为领导是组织正式权力的占有者，控制组织的关键资源和发展机会，对员工个体态度、行为和组织制度设计、文化氛围营造等都具有重要作用（Piderit，2000；Alhaddad，2015；王雁飞等，2021）。因此，关于领导因素与员工变革支持行为关系的研究一直是组织变革研究领域的重要课题（Herold et al.，2008；Abrell-Vogel & Rowold，2014；柏帅蛟，2016；王雁飞等，2021）。

但现有研究主要聚焦于"非此即彼"的单一领导行为风格与员工变革支持行为积极关系的探讨，比如变革型领导（Herold et al.，2008）、魅力型领导（许苗苗、郑文智，2016）、德行领导（孙利平、凌文辁，2010）、教练型领导（王丽璇，2019）、包容型领导（刘晓梅，2019；王雁飞等，2021）等。随着组织环境日益复杂化，在动态易变的复杂环境下，管理者面临越来越多的管理悖论问题，要有效解决组织变革中的悖论问题，需要领导综合运用矛盾整合系统思维，具备悖论问题的处理能力，正确处理企业变革所面临的相互依存的矛盾性问题，如此才能有效推动企业组织成功变革（Xue et al.，2020）。因此，学界近年来提出悖论式领导行为的概念（Zhang et al.，2015），认为悖论式领导行为表现出的整体复杂认知思维和矛盾整合优化的行为特征能有效应对组织管理中的矛盾冲突悖论问题（刘善堂、刘洪，2015；Zhang et al.，2015），悖论式领导行为在组织管理领域也得到越来越多的研究。但相关研究更多关注的是悖论式领导行为对员工行为绩效产生积极的作用，例如，有研究证实了悖论式领导行为能促进员工主动性行为的产生（王朝晖，2018；Kauppila & Tempelaar，2016），悖论式领导行为能激发员工的追随行为（Jia et al.，2018），能激发员工产生建言行为（李锡元等，2018）。在组织变革领域的研究中，孙柯意和张博坚（2019）研究发现，悖论式领导行为通过员工关系认同的中介作用正向影响员工变革支持行为，员工正念是悖论式领导行为与员工变革支持行为之间作用的边界条件。刘懿宸（2021）基于自我决定理论视角研究发现，悖论式领导行为对激发员工的变革支持行为具有积极影响，对员工的工作重塑产生积极影响，能够通过工作重塑的中介作用对员工变革支持行为产生积极影响。

但随着研究的深入，学者们发现，作为一种抽象的领导行为风格，悖论式领导行为并不是对任何员工或者在任何情境下都适用，在不利的条件下，悖论式领导行为对员工行为绩效的促进效果会减弱（Shao et al.，2019；李锡元、夏艺熙，2022）。因此，有必要进一步探讨在不同的边界条件下悖论式领导行为是如何影响员工行为绩效的，以及背后的机理、影响因素的作用机制、对哪些员工表现出积极（或消极）效应等问题（Shao et al.，2019；谭乐等，2020）。变革支持行为是组织成员为了推动组织变革成功而主动参与计划性的组织变革实施过程并做出积极贡献的行为，员工变革支持行为是员工的一种变革主动行为。鉴于已有研究关于悖论式领导行为对员工主动性行为影响效应的研究结论不一致，在研究悖论式领导行为对员工变革支持行为的影响作用时，有必要从整体上探讨悖论式领导行为在影响员工变革支持行为的过程中是否同时存在积极作用和消极作用的影响路径，以及相应影响路径中可能存在的调节边界条件。

1.1.3 研究问题的提出

对于员工来说，组织变革是一项长期的、有压力和情绪紧张的过程（Kiefer，2005；Kim et al.，2011），因为组织变革往往可能破坏旧的组织惯例，导致工作量增加或者新的工作关系的调整，引入新的战略目标等，造成员工压力和情绪紧张（Piderit，2000）。资源保存（Conservation of Resources，COR）理论认为，感到压力的个体可以通过各种处理行为防御失调的心理状态（Hobfoll，1989），个体会努力获取、保留和培育有价值的资源。在组织变革的压力下，员工会使用现有资源去获取新资源以减少资源的净损失，同时，他们也会积极构建和投资培育资源储备以应对未来可能出现的资源损失情境，而拥有较多组织资源的领导常常成为组织成员获取资源的有效途径（Bono & Judge，2004）。一方面，员工通过与领导的互动获取相应的资源（王忠军等，2016），拥有较多初始资源的个体更容易获得领导提供的资源，呈现资源上升螺旋（Hobfoll，1989）；但另一方面，员工需要耗损资源去应对领导对工作的要求（赵玉田、王玉业，2022），拥有较少初始资源的员工更容易造成资源损耗，呈现资源损失螺旋（Hobfoll，1989）。悖论式领导被证实能有效应对组织变革复杂性悖论问题（刘善堂、刘洪，2015；Zhang et al.，2015），已有悖论式领导在国内本土企业进行管理实践有效推动组织变革成功的案例（武亚军，2013），因此，有必要将悖论式领导引入组织变革领域进行研究，探讨悖论式领导行为对员工变革支持行为的影响关系。但悖论式领导行为本身具有矛盾两面的整合性特征，表现出行为多样性和矛盾性的表象方式（刘善堂、刘洪，2015）。悖论式领导行为的矛盾性和多样性特征对员工认知、情感和行为产生复杂的影响作用（Shao et al.，2019）。悖论式领导能积极促进员工产生主动性行为（王朝晖，2018；Kauppila & Tempelaar，2016），但在一定条件下也对员工行为绩效产生消极影响作用（Shao et al.，2019）。那么，在组织变革过程中，悖论式领导行为对员工变革支持行为的作用机制如何？会产生积极的还是消极的影响作用？这种作用是如何产生的？这种作用受到什么样的边界因素的影响？现有研究尚未对上述问题进行过充分的分析。本书以资源保存理论为研究理论基础，致力于回答以下四个问题：

（1）悖论式领导在推动组织变革过程中扮演什么角色和发挥什么作用？悖论式领导行为在组织变革过程中是否对员工变革支持行为同时产生积极和消极的双刃剑影响？

（2）悖论式领导行为给员工提供应对变革压力的资源，从而给员工带来积极的情感体验，变革情感承诺和变革规范承诺作为员工支持组织变革的积极情感因素，是否在悖论式领导行为和员工变革支持行为之间起到积极的中介作用？

（3）员工需要损耗资源去理解组织变革过程中悖论式领导工作要求和领导行为方式并做出符合领导角色期待的工作行为。那么，悖论式领导行为本身具有的矛盾性特征是否会造成员工认知上的角色压力？角色压力是否在悖论式领导行为和员工变革支持行为之间起到消极作用？

（4）主动性人格作为个体不易改变的人格特质，是员工个体特有的初始资源，悖论式领导行为在影响员工变革支持行为的过程中，员工主动性人格水平的差异性是否产生不同的影响效应？即员工主动性人格是否起到调节的边界作用？

1.2 研究内容和研究意义

1.2.1 研究内容

为探讨悖论式领导行为在组织变革过程中影响员工变革支持行为的作用机理和有效边界条件，本书首先以华为公司为分析对象进行单案例研究，通过对访谈资料和相关的二手资料进行程序化扎根理论编码，识别出组织变革过程中的领导管理策略和行为方式特征、员工对领导管理行为感知，以及员工对变革的态度和行为反应，试图提炼组织变革过程中的悖论式领导行为，以及悖论式领导行为对员工变革支持行为的影响作用机制模型，探讨悖论式领导在组织变革过程中扮演的角色和发挥的作用。案例研究的目的是阐述将悖论式领导引入组织变革领域进行研究的必要性，初步探讨悖论式领导行为对员工变革支持行为影响的作用机制，为后续实证研究理论模型构建提供实践基础。案例研究部分是本书研究的基础性工作。

其次，本书从理论上更深入地剖析悖论式领导行为对员工变革支持行为的作用机制和边界条件。本书根据资源保存理论的资源增益和资源损耗模型，围绕悖论式领导行为对员工"资源获取来源—资源增益机制和资源损耗机制—资源培育和投资"的影响关系，分别从情感资源增益和认知资源损耗两条路径探讨悖论式领导行为对员工变革支持行为产生的双刃剑作用。在资源增益方面，悖论式领导行为给员工提供各种资源，满足员工心理和情感需求，促进员工形成变革情感承诺和变革规范承诺，激发员工产生变革支持行为。在资源损耗方面，悖论式领导行为具有矛盾性表象特征，员工需要损耗资源去理解看似矛盾冲突的悖论式领导行为并做出符合领导期待的员工角色工作，造成员工角色压力认知形成资源损失，为了避免进一步的资源损耗，员工会减少发生组织变革行为，悖论式领导行为可能会通过角色压力认知这一消极的中介作用抑制员工产生变革支持行为。此外，主动性人格是一种稳定的人格特质，主动性人格水平的差异性反映不同的个体人格特质（Bateman & Crant，1993）。拥有主动性人格的个体独立自主、眼光长远，他们乐观、积极和具有韧性，主动性人格被认为是个体拥有的初始资源（Anders & Bård，2011），相对于低主动性人格的个体，拥有较高主动性人格的员工拥有更多的初始个人资源（Zhao et al.，2016）。基于资源保存理论中的初始资源效应原则，高主动性人格员工更容易获得领导行为所提供的资源，更能应对组织变革的压力，形成支持变革的积极情感；相反，在面对组织变革压力和角色压力的情境下，低主动性人格的个体由于拥有较少的个人初始资源，他们更容易遭受资源损失，且从领导行为中获取新资源的能力更低。因此，本书还将主动性人格作为悖论式领导行为对员工变革支持行为作用机制的边界条件。具体而言，本书主要研究内容包括以下四个方面：

（1）以华为公司为分析对象进行单案例研究，采用扎根理论方法对访谈资料和相关二手资料进行编码，识别出华为 IPD 项目的组织变革过程中的领导管理策略和行为方式特征，以及员工对变革的态度和行为反应，试图提炼组织变革过程中的悖论式领导行为对员工变革支持行为的影响作用机制模型，探讨悖论式领导在组织变革过程中扮演的角色和发挥的作用。案例研究部分作为本书研究的基础性工作，为后文实证研究提供实践基础。

（2）基于资源保存理论的资源增益机制，探讨员工变革承诺（包括变革情感承诺和变革规范承诺）这一积极情感因素在悖论式领导行为对员工变革支持行为关系中的积极中介作用。主要包括：悖论式领导行为与员工变革情感承诺和变革规范承诺的关系研究；员工变革情感承诺和变革规范承诺对悖论式领导行为与员工变革支持行为关系的中介作用研究。

（3）基于资源保存理论的资源损耗机制，探讨员工角色压力这一认知因素在悖论式领导行为与员工变革支持行为关系中的消极中介作用。主要包括：悖论式领导行为与员工角色压力的关系研究；员工角色压力与员工变革支持行为的关系研究；员工角色压力对悖论式领导行为与员工变革支持行为的中介作用研究。

（4）基于资源保存理论的初始资源效应原则，探讨员工主动性人格在悖论式领导行为与员工变革支持行为的双刃剑关系中的调节作用。主要检验以下关系：员工主动性人格在悖论式领导行为与员工变革情感承诺关系中的调节作用；员工主动性人格在悖论式领导行为与员工变革规范承诺关系中的调节作用；员工主动性人格在悖论式领导行为与员工角色压力关系中的调节作用；员工主动性人格对变革情感承诺、变革规范承诺和角色压力是否起到中介调节作用。

1.2.2 研究意义

悖论式领导行为被认为是较能有效处理不确定动态环境下的悖论矛盾两面性问题的领导风格（Lavine，2014；Zhang et al.，2015；刘善堂、刘洪，2015），其强调动态发展、矛盾平衡的系统整体思维管理方式，能够有效提高组织复杂性处理能力，有助于激发员工主动性行为（Tripathi，2017），这与组织变革的复杂情境下激发员工变革支持行为在本质上是一致的。因此，本书致力于悖论式领导行为与员工变革支持行为关系的研究。本书研究的意义在于：拓展了员工变革支持行为前驱因素的研究、悖论式领导行为有效性的研究、悖论式领导行为对员工变革支持行为的影响路径的研究和悖论式领导行为与员工变革支持行为影响关系的边界条件。另外，本书的相关研究成果可指导企业及其管理者更好地制定组织变革策略，为企业激发员工产生变革支持行为提供了管理实践方面的启示和思考。

1.2.2.1 理论意义

第一，将悖论式领导引入组织变革领域，从悖论式领导行为视角探讨驱动员工变革支持行为的影响因素，研究结论丰富了员工变革支持行为的前因变量的相关研究。已有研究往往聚焦于"非此即彼"单一结构的领导行为对员工变革支持行为的影响作用。但随着组织环境日益复杂化，具有矛盾复杂整合特征的悖论式领导行为能更好地应对组织变革中存在的复杂悖论问题（刘善堂、刘洪，2015），但悖论式领导行为本身的矛盾复杂性特征对员工认知、情感和行为产生复杂的影响作用（Shao et al.，2019），悖论式领导行为对员工变革支持行为的影响机制和边界条件尚未得到充分的分析。本书通过案例研究识别悖论式领导在组织变革过程中扮演的角色和发挥的作用，总结和归纳员工在悖论式领导行为影响下的组织变革过程中的态度和行为反应状况，探索悖论式领导行为对员工变革支持行为的影响关系机制；再通过问卷调查实证分析检验悖论式领导行为影响员工变革支持行为的作用机制、背后的机理和边界条件。本书的研究结论丰富了员工变革支持行为前因变量的理论研究，为从悖论式领导视角推动组织变革实施提供理论依据。

第二，本书探讨了悖论式领导行为对员工变革支持行为的双刃剑效应。已有研究往往聚焦于悖论式领导行为对员工行为绩效产生的积极影响作用，但随着研究深入，部分学者发现悖论式领导行为在特定条件下还会对员工行为绩效产生消极作用（Shao et al.，2019）。已有研究大多只关注悖论式领导行为的积极作用，这不利于理论界对悖论式领导行为有效性的全面理解。本书从整体上探讨悖论式领导行为对员工变革支持行为的双刃剑效应，研究发现，在特定条件下，悖论式领导行为对员工变革支持行为同时存在积极和消极的影响作用，研究结论丰富了悖论式领导行为有效性的理论研究。

第三，本书拓展了悖论式领导行为对员工变革支持行为的影响路径的研究。现有研究大多从情感机制（刘晓梅，2019；王雁飞等，2021）、认知机制（孙柯意、张博坚，2019）或动机机制（柏帅蛟，2016）等单一层面探讨领导行为激发员工变革支持行为的影响机制。但员工变革支持行为的产生不仅出于情感支持的心理需求，而且源于员工对变革事件及相关工作要求的认知（Herscovitch &

Meyer，2002）。以往研究大多只考虑单个影响因素，存在一定的局限性和片面性。本书同时从员工变革承诺这一情感因素和员工角色压力这一认知因素出发探讨悖论式领导行为对员工变革支持行为的双路径影响作用，研究结果能够更加全面、准确地揭示悖论式领导行为在员工变革支持行为形成过程中的作用机制。

第四，本书揭示了悖论式领导行为对员工变革支持行为双刃剑影响效应的边界条件。主动性人格是员工的初始资源，拥有不同主动性人格的个体代表拥有不同的初始资源（Hobfoll，1989；冯彩玲等，2014）。拥有不同主动性人格的个体在与领导互动过程中获取资源的能力不同，可能就会产生不同的变革支持行为反应。本书将主动性人格纳入研究模型，探讨员工主动性人格在悖论式领导行为对员工变革支持行为影响机制中的边界条件，能更加准确地解释悖论式领导行为对员工变革支持行为的影响作用机制，丰富了悖论式领导行为对员工变革支持行为影响机制边界条件的理论研究。

1.2.2.2　实践意义

第一，帮助领导在组织复杂环境下进行组织变革时采取恰当的领导行为来激发员工变革支持行为。随着环境日益复杂和不确定，传统"非此即彼"的领导行为难以应对组织复杂性管理问题（Zhang et al.，2015），在复杂、动态、易变环境下进行组织变革需要领导具备矛盾驾驭能力，采用系统思维和矛盾优化整合的悖论式领导行为更能有效平衡组织变革中的矛盾与冲突问题（刘善堂、刘洪，2015）。本书探讨悖论式领导行为对员工变革支持行为的双刃剑影响及其影响过程的边界条件因素，研究结论能为企业领导在组织变革过程中采用恰当的领导行为提供指导作用。

第二，可指导企业充分发挥悖论式领导行为的积极效应来激发员工变革支持行为的产生。本书研究证实，悖论式领导行为可通过变革情感承诺和变革规范承诺的中介作用积极促进员工产生变革支持行为。本书的研究结论可指导企业在组织变革过程中，充分发挥悖论式领导行为对员工变革情感承诺和变革规范承诺的积极作用来激发员工产生变革支持行为，另外，还可通过相应的组织管理制度和管理策略的制定，来促进员工形成变革情感承诺和变革规范承诺，进而产生变革支持行为。

　　第三，帮助企业防范悖论式领导行为可能通过员工角色压力作用负向影响员工变革支持行为的产生。本书的研究结论表明，悖论式领导行为通过角色压力的中介作用抑制了员工变革支持行为的产生。因此，企业管理者在推动组织变革的实践中，要关注和防范悖论式领导行为对员工可能产生角色压力的负面影响，及时采取预防措施，减少悖论式领导行为对员工变革支持行为可能产生的消极影响。

　　第四，为人力资源开发与管理提供新的启示。本书的研究证实了员工主动性人格在悖论式领导行为对员工变革支持行为双刃剑影响效应的调节作用，该研究结论可以为企业及其管理者在招聘和选拔人才时提供启示：在人员招聘中，尽可能招聘和选拔具有主动性人格特征的员工；在组织变革活动中，尽可能选拔具有主动性人格特质的人员担任推动组织变革活动实施的管理者，选择具有主动性人格特质的员工参与组织变革项目；在企业日常管理活动中，尽可能发掘和培育员工的主动性人格。

1.3　研究方法和技术路线

1.3.1　研究方法

　　根据本书的研究问题和内容安排，本书主要采用了以下研究方法：

1.3.1.1　归纳和演绎法

　　本书根据实际的研究目的，围绕相关的研究主题，收集、整理中外文献，其中外文文献主要通过 Wiley、EBSCO、ProQuest、Web of Science、Elsevier SDOL、Springer 等外文数据库进行收集；中文文献主要通过 CNKI 数据库、维普数据库、人大复印报刊资料全文数据库等平台收集文献。本书将悖论式领导行为、变革情感承诺、变革规范承诺、角色压力、变革支持行为、主动性人格等核心构念作为关键词进行文献检索并梳理文献，对前人研究成果进行分析、归纳、总结，分析和评价现有文献中的研究结果，深入了解该领域的研究状况，找到现有研究的不足，全面把握相关领域研究进展及未来研究方向，找到创新点或突破口，为本书研究的理论假设和框架模型奠定了基础。

1.3.1.2 案例研究法

本书采用单案例研究法。单案例研究方法的优势是能够从"过程"视角观察和总结某些现象规律并提炼为抽象的理论，适合探讨某个实践主体在这个发展和变化的过程中的"How"和"Why"的问题（Yin，2014）。组织变革是一个长期的复杂过程，展现变革过程中领导扮演的角色和发挥的作用以及员工的态度行为反应需要深入具体研究情境。本书旨在探索悖论式领导行为在组织变革过程中发挥的效用和作用机制，采用单案例研究更有利于解释这一"过程"的现象和本质规律。另外，本书通过扎根理论研究深入剖析事物现象，寻找本质，理论的产生扎根于现实的实践，这有助于产生更为贴近现实且稳健的理论（贾旭东、谭新辉，2010）。按照单案例研究抽样的典型性和可行性原则（Yin，2014），本书选取具有典型性的代表企业华为的 IPD 项目变革作为案例研究对象进行分析，通过程序化扎根理论方法进行编码，识别华为 IPD 项目变革过程中的领导行为特征以及员工态度行为反应，剖析悖论式领导在组织变革过程中扮演的角色和发挥的作用，初步探讨悖论式领导行为对员工变革态度和行为反应的影响作用机制，为后续实证研究提供实践基础。

1.3.1.3 问卷调查与统计分析方法

组织行为与人力资源管理（OBHR）领域常用的实证研究方法是问卷调查法，即通过被调查者填写问卷的方式，获取变量数据，通过对这些数据的关系分析，来检验研究中提出的假设。本书根据所调查企业样本的实际情况，问卷调查以书面问卷的形式收集数据和信息，研究人员通过网络、邮寄或者实地发放问卷方式，请相关人员作答，并回收进行统计、分析。问卷调查法需要选择具有代表性的样本，增加研究结果的外部效度。本书选取位于东莞、南宁、百色、南昌、桂林等地共 6 家企业作为调查样本进行问卷调查，这些企业过去和现在都经历了或正在经历不同程度的组织变革，选取的调查样本都是与本书研究问题高度相关的具有典型性的代表企业。为避免共同方法偏差，本书在获取数据时，采用了领导—员工的配对数据，并选择两个时间段采集数据。此外，因为量表均使用了国内外权威期刊正式发表的成熟量表，需要重新验证其是否适合中国文化情境和本地语言表达的习惯，所以本书首先通过小规模调查样本进行访谈试填问卷，根据访谈意见及试填结果对问卷进行适当调整，量表通过信度和效度检验后，形成最终的调查问卷，用于正式调查采集信息数据，并通过对这些数据的分析来检验本书的模型和假设。整个过程中主要采用的分析软件是 SPSS 22.0 和 Amos 22.0，主要的分析方法是信效度分析、相关性分析、统计描述分析、验证性因子分析、回归分析等，以检验实证研究的理论模型。

1.3.2 技术路线

本书研究的技术路线包含以下四个阶段：

第一，准备阶段。通过对管理现状的观察，查找现有文献，将现实背景与理论背景相结合，提出研究问题。

第二，理论分析阶段。基于研究问题，查阅相关文献，梳理员工变革支持行为和悖论式领导行为相关研究文献。对文献进行综述，总结已有研究的贡献和不足之处，明确本书的研究问题和思路以及本书的研究在文献中的地位，该部分的研究可为后面的案例研究提供思路，也可为后续实证研究提出研究假设和构建理论模型奠定理论基础。

第三，案例研究与实证分析阶段。首先，选择与本书研究相关的典型企业作为分析对象进行单案例研究，剖析悖论式领导在组织变革过程中扮演的角色和发挥的作用。案例研究主要有两个目的：一是阐释将悖论式领导引入组织变革过程进行讨论的必要性；二是初步探讨悖论式领导行为在组织变革过程中对员工变革支持态度和行为反应的影响作用，为后续的实证研究模型构建提供实践基础作用。其次，根据案例研究结论，再结合上部分的文献综述中相关的理论研究结论，构建本书研究理论模型，设计调查问卷，选择6家正处于组织变革时期或已经历变革的企业作为调查对象，通过领导—员工配对方式进行问卷调查，获得相应样本的配对数据，对数据进行信度和效度检验，然后通过相应统计软件进行数据分析，检验本书提出的研究假设。

第四，研究结论分析阶段。对研究结果进行总结，对验证和未验证的假设进行分析，指出研究的理论贡献和实践建议，结合本书研究结论及已有的研究现状，提出研究局限与未来研究展望。本书研究的具体技术路线如图 1-1 所示。

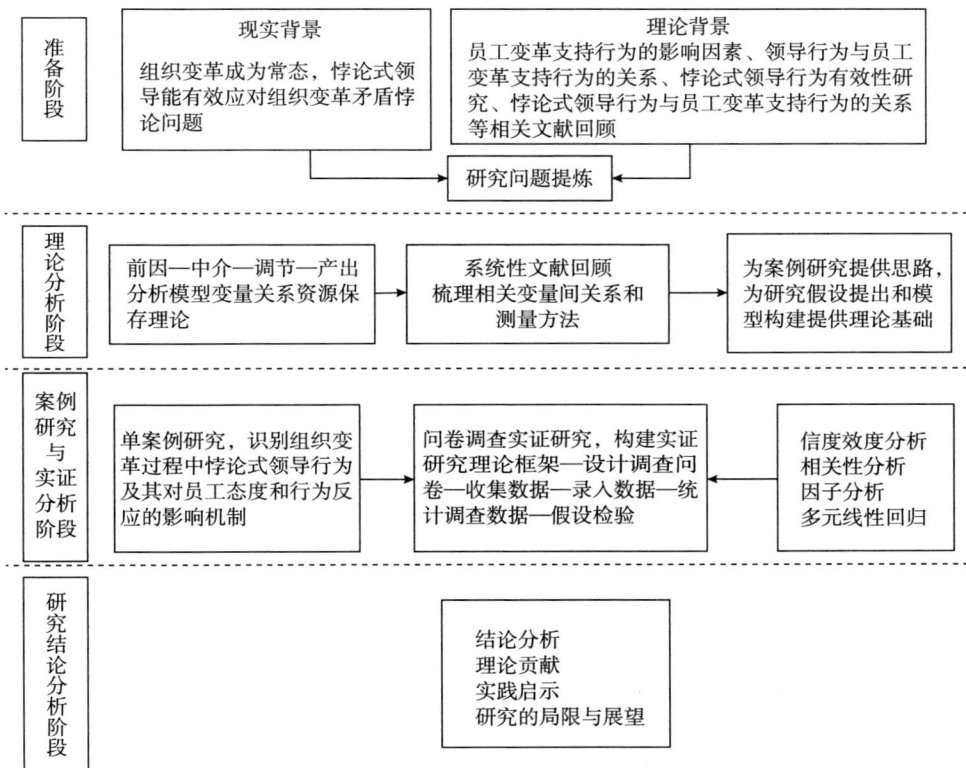

图 1-1　本书研究的技术路线

1.4　本书研究结构安排

本书总体的内容结构安排如下：

第 1 章，绪论。本章的主要目的是提出研究问题，说明本书相关研究的重要性、研究价值，以及研究的可行性。具体包括：阐述了研究背景和现有研究空白，提出研究问题，介绍了本书的理论意义和实践意义，交代本书的研究设计、内容结构以及研究的创新点。

第2章，理论基础与文献回顾。本章主要对研究中涉及的"变革支持行为""悖论式领导行为""变革情感承诺""变革规范承诺""角色压力""主动性人格"等相关概念和理论进行系统回顾，并对它们之间的关系进行了综合性阐述，在此基础上对悖论式领导行为与员工变革支持行为的关系研究进行述评，阐明研究不足及未来可能的研究方向，并对本书搭建理论框架所用的理论基础进行相关文献回顾。

第3章，悖论式领导在组织变革过程中角色与作用的案例剖析。本章基于华为的单案例研究，以华为IPD项目变革为例进行分析，对案例研究资料进行扎根理论编码分析，识别华为组织变革过程中的悖论式领导行为特征，剖析悖论式领导在组织变革过程中扮演的角色与发挥的作用，阐述将悖论式领导引入组织变革过程进行研究的必要性，初步探讨悖论式领导行为在组织变革过程中对员工变革反应态度和行为的影响作用，为后续实证研究提供实践基础。

第4章，理论模型与研究假设。本章在上述文献综述的基础上，梳理各变量间的关系，并结合第3章案例研究结论，构建本书的理论模型。以资源保存理论基本原理为理论依据，根据资源保存理论中的资源增益机制和资源损耗机制，构建积极和消极双路径，探讨悖论式领导行为对员工的资源增益和资源损耗机制。员工主动性人格是员工具有的个体初始资源，本章将员工主动性人格作为员工个体因素纳入研究模型，探讨员工主动性人格在悖论式领导行为与员工变革支持行为关系中的调节作用和边界条件。由此，构建本章的研究总体设想和理论模型，最后对理论模型中各变量之间的关系进行理论推导，得到各变量间的关系假设，并对本书的研究假设进行汇总。

第5章，研究方法与假设检验。本章首先确定各变量的测量工具，然后设计调查问卷，选择合适的样本企业进行问卷调查，通过领导—员工的配对方式对正处于组织变革时期的6家样本企业进行问卷调查来收集数据资料。其次，对收集的数据进行整理，对量表及变量进行描述性统计分析，检验量表的信度和效度、共同方法偏差和区分效度。再次，对模型假设进行检验，主要采用相关性分析、层次回归分析等，分析模型的直接效应、中介效应和调节效应。最后，汇总假设检验结果，阐述检验结果对华为 IPD 组织变革实践的理论启示。

第 6 章，结论与讨论。本章对研究结论进行总结、讨论和分析，根据研究结论阐述本书的理论贡献并提出管理建议，同时还指出了本书研究的不足和未来进一步的研究方向。

1.5 研究创新点

本书的研究创新点如下：

（1）将悖论式领导引入组织变革领域，从悖论式领导行为视角来探讨驱动员工变革支持行为的影响因素。关于领导行为和员工变革支持行为关系的现有研究大多聚焦于"非此即彼"的单一结构领导行为对员工变革支持行为的积极促进作用（Herold et al.，2008；刘晓梅，2019；王雁飞等，2021）。但随着环境日益复杂化，组织变革中的矛盾张力无处不在，变革管理中领导单一强调一方面而忽视另一方面是不可取的（Meyer et al.，2007；Zhang et al.，2015），而具有矛盾整合性特征的悖论式领导行为被认为能较有效处理组织复杂矛盾张力问题（刘善堂、刘洪，2015），但本身具有矛盾复杂性特征的悖论式领导行为与员工变革支持行为之间的关系机制尚未得到充分分析。与以往研究不同的是，为适应环境变化的需要，本书聚焦于探讨具有矛盾两面整合特征的悖论式领导行为与员工变革支持行为的关系，研究结论丰富了员工变革支持行为的前因变量的相关研究，研究成果能为复杂环境下的组织变革管理实践提供理论指导和启示。

（2）开拓悖论式领导行为新的研究视角。已有研究大多关注悖论式领导行为对员工主动性行为（彭伟、李慧，2018）、员工变革支持行为（孙柯意、张博坚，2019）的积极作用。本书基于资源增益和资源损耗机制，构建悖论式领导行为对员工变革支持行为积极和消极作用的理论模型，研究结论证实了悖论式领导行为可同时通过积极和消极两条路径对员工变革支持行为产生双刃剑的作用。以往研究大多关注悖论式领导行为的积极作用，但随着研究的深入，部分学者发现悖论式领导行为在特定条件下对员工行为绩效产生消极的作用（Shao et al.，

2019），悖论式领导行为本身具有矛盾两面性，单一研究其中一方面对员工行为产生的影响作用得出的研究结论具有片面性。本书同时探讨悖论式领导行为对员工变革支持行为可能存在的双面性影响机制，开拓了悖论式领导行为影响效应新的研究视角，同时研究结论回应了前期学者研究结论的不一致问题，拓展了悖论式领导行为有效性的理论研究。

（3）构建了悖论式领导行为作用于员工变革支持行为的双重路径机制。现有研究大多从情感机制（王雁飞等，2021；刘晓梅，2019）、认知机制（孙柯意、张博坚，2019）、动机机制（陈亮、张小林，2014）等单一层面探讨领导行为激发员工变革支持行为的作用机制。员工变革支持行为的产生不仅出于情感支持的心理需求，同时也源于员工对变革事件及相关工作要求的认知（Herscovitch & Meyer，2002）。以往研究大多只考虑单个影响因素，存在一定的局限性和片面性。本书从情感和认知双路径探讨悖论式领导行为对员工变革支持行为的影响机制，能够更加清晰、准确地揭示悖论式领导行为在员工变革支持行为形成过程中的作用机制。

（4）识别了员工主动性人格在悖论式领导行为与员工变革支持行为关系的双路径影响过程中的调节作用。以往关于领导行为与员工变革支持行为关系的研究大多考虑上下级关系认知（Kim et al.，2011）、员工正念（孙柯意、张博坚，2019）等员工认知层面变量的边界条件，较少考虑员工本身具备的人格特质形成的边界作用。主动性人格是一种稳定的人格特质，是员工具备的初始资源，不同主动性人格水平员工由于初始资源水平不同，在相同情境下获取资源的能力不同，在资源增益和资源损耗的影响路径中会表现出不一样的影响作用。本书证实了员工主动性人格调节了悖论式领导行为对员工变革承诺和角色压力的作用，也调节了变革承诺和角色压力在悖论式领导行为和员工变革支持行为关系中的中介作用。本书在探讨悖论式领导行为对员工变革支持行为双面性影响机制时同时考虑员工个体特质差异性形成的影响边界条件作用，能更系统和全面地揭示悖论式领导对员工变革支持行为双刃剑效应的影响机制，研究结论丰富了悖论式领导行为影响员工变革支持行为作用机制的情境因素相关理论研究。

第2章 理论基础与文献回顾

本章首先系统地回顾了员工变革支持行为与悖论式领导行为的相关概念及其相关关系的研究现状；其次对搭建理论研究模型的理论基础——资源保存理论进行文献梳理；最后对相关研究现状进行评述，指出已有研究的贡献和不足，为后续的案例研究提供思路，为实证研究理论模型的构建提供理论基础。

2.1 员工变革支持行为

2.1.1 变革支持行为的概念

变革支持行为（Change-Supportive Behavior，CSB）的概念起源于对变革反应的研究。Coyle（1999）在一项质量管理项目中发现，员工积极主动参与变革活动的行为是组织变革成功的关键要素，于是提出了员工变革支持行为的概念。随着商业环境的动态复杂性增强，组织变革和变革支持行为逐渐成为管理实践者和理论界关注的热点，越来越多的学者聚焦于员工个体对待变革的态度和行为的研究，变革支持行为的概念和内涵也得到不断的拓展和延伸。之后，Herscovitch和Meyer（2002）从员工对待变革的态度影响变革支持行为的视角进行研究，发现变革支持行为是员工变革承诺的行为反应，认为只有具有较高的变革承诺水平，才可能有较高水平的变革支持行为。Herscovitch和Meyer（2002）还将变革支持行为视为一种连续渐变的、积极的行为反应过程，根据员工对待变革的积极性由弱到强，依次将其划分为主动抵制、被动抵制、服从、合作、争先五个阶段，根据变革支持程度差异对变革支持行为进行调查和测量。他们让被调查者在0~100分内选择一个分数表示他们对待变革的反应，小于20分代表主动抵制，21~40分代表被动抵制，41~60分代表服从（不情愿地支持变革），61~80分代表合作（依据变革需要适当做出改变），81~100分代表争先（积极主动地为组织变革贡献力量），后三种表现均属于变革支持行为，并将服从、合作、争先作为变革支持行为测量的三个维度，设计了17个题项。但测量的结果显示三个维度区分效度不高，也因此遭到了学者们的质疑。Kim等（2011）认为，以Herscovitch和Meyer为代表的对变革支持行为程度的分值分配是存在异议的，并且认为服从和合作实质上是一种被动的行为，不属于员工主动性的支持行为，只有"争先"才是变革支持行为，于是他们提出了变革支持行为是员工对计划性的组织变革表现出的积极主动参与、实施以及贡献的行为。Lysova等（2015）基于扎根理论的案例分析方法提出变革支持行为的概念，指出变革支持者应该是那些主动投身组织变革活动并且对变革做出积极贡献的员工，不同于被动支持者，变革支持行为强调的是积极主动的心理状态和参与行为。Lysova等（2015）的研究成果严格区分了变革支持行为和变革被动行为，进一步验证了Kim等（2011）提出的变革支持行为的概念。

变革支持行为还是一个相对"年轻"的概念，就前期的研究动态来看，当前多数学者认可Kim等（2011）提出的观点和概念（曹晓丽、马金芳，2018）。本书采用Kim等（2011）的观点和定义，将变革支持行为定义为员工基于对计划性的组织变革的积极主动性意愿而产生的主动投入变革工作并为推动组织变革顺利实施做出贡献的计划性行为。

2.1.2 变革支持行为与相关概念的比较

为了更好地理解变革支持行为的概念和内涵，明晰相关概念之间的界限，进一步明确本书研究所采用的概念，本书通过文献梳理总结了一些与变革支持行为容易混淆的概念并进行比较，如表2-1所示。

首先，变革支持行为与变革支持态度的比较。员工变革支持态度是员工对组织采取的原始变革整体的积极或消极的评价，包括对变革的认知、情感反应和行为意向（Herscovitch & Meyer，2002），积极的变革态度包括变革承诺（Commitment to Change）、变革准备（Readiness of Organizational Change）、变革开放性（Openness to Change）等；消极的变革态度包括变革抵制（Resistance to Change）、变革犬儒主义（Cynicism about Change）等。无论是积极还是消极的变革态度，都是员工对待变革的一种认知和情感反应，是一种行为意向，但并未产生实际的行为。

其次，变革支持行为与变革适应行为的比较。变革适应行为（Change-Adaptive Behavior）是员工为应对组织变革而产生的服从与合作的行为（Ghitulescu & Brenda，2013）。变革支持行为与变革适应行为的主要区别在于行为的主动性和贡献性：变革适应行为是被动式调整以适应组织变革活动，并非积极主动地为推动变革做出积极贡献；而变革支持行为表现为积极参与并且力求做出贡献的主动性行为。

最后，变革支持行为与变革主动行为的比较。两者主要的区别在于是不是针对组织计划性变革活动表现出来的行为：变革主动行为是一种自发行为，如员工自发倡议、建言等组织公民行为（Griffin et al.，2007）以及自主探索和创新等行为（Frese & Fay，2001）；变革支持行为是员工在计划性组织变革下，表现出的由外而内的积极行为（Kim et al.，2011）。

表 2-1　变革支持行为与相关概念的比较

概念	概念内涵	行为示例	行为特征差异性	研究者
变革支持行为	积极参与计划性组织变革，推动组织变革并力求做出贡献的行为	主动参与变革活动；为变革提出建议和看法等	有计划的行为，对组织计划性变革做出积极贡献	Kim 等（2011）
变革支持态度	对组织变革的认知和情感反应，是支持变革的意愿和意向，并未发生实际行为	变革承诺、变革开放性、变革支持意向	心理状态，非实际行为，是行为意向	Herscovitch 和 Meyer（2002）
变革适应行为	通过调整自己来适应组织变革各项要求的行为	服从和合作变革，调整和适应变革的压力和需求	被动行为，没有为变革做贡献，被动应付变革	Ghitulescu 和 Brenda（2013）
变革主动行为	员工自发性进行变革相关活动的行为	个体主动发起的变革行为、变革倡议等	个人自发行为，非计划性的行为，不是组织计划性变革	Griffin 等（2007）；Frese 和 Fay（2001）

资料来源：笔者根据相关文献整理。

通过对以上概念的对比，结合 Kim 等（2011）对变革支持行为概念的界定，可知员工变革支持行为应该具有以下三个特点：第一，变革支持行为是针对组织正在进行的有计划组织变革活动的支持行为，不是员工自主发起的变革行为，例如自主探索和创新行为等。第二，变革支持行为是积极主动的行为，不是被动服从、合作或者应对适应性的行为。第三，员工不仅积极主动参与组织变革，而且愿意为推动组织变革实施做出贡献。

2.1.3　变革支持行为的影响因素研究

变革支持行为作为一种积极行为，对个体和组织均具有积极的影响作用，因此关于变革支持行为的前因变量研究也得到极大关注，相关研究成果较为丰富。本书通过对相关文献进行梳理，将变革支持行为的影响因素分为两大类：个体因素和情境因素。其中，个体因素包括个体特质和个体认知两方面；情境因素包括变革事件特征、组织因素（包括组织文化、组织结构、组织环境、领导与员工关系、领导行为风格、同事关系等）。

2.1.3.1　个体因素

个体因素主要包括个体特质和个体认知两方面。首先，个体特质会影响员工对待变革的态度和行为。有研究表明，个体人口统计因素如性别、学历、职位等因素对变革支持行为具有一定的影响（Oreg，2006；Oreg et al.，2011），自我效能感、自尊、控制点等人格特质正向影响员工对待变革的态度和行为（Oreg et al.，2011；Bono & Judge，2004）。Shin 等（2012）研究发现，员工心理弹性会通过变革情感承诺和变革规范承诺的中介作用正向影响员工变革支持行为的产生。王雁飞等（2021）研究证实了员工心理资本能正向预测变革支持行为，认为员工心理状态越积极，越能从容应对变革压力，也越容易表现出变革支持行为。此外，学者们还发现员工控制感、自我效能感等对变革支持行为具有一定的影响（Stanley & Meyer，2005）。员工主动性人格也可以通过职业适应力的中介作用，促进员工变革行为的产生（苗思意，2019）。

其次，个体认知也会对变革支持行为产生影响。个体认知是个体认识外界事物的过程。根据 Ajzen（1991）提出的计划行为理论，在变革过程中，员工对变革的认知显著影响其态度和行为，包括对组织层面的认知和个体层面的认知。组织层面的认知包括员工对变革必要性、适应性和不确定性的认知。个体层面的认知包括变革潜在利益认知、社会规范压力认知等。当员工对变革具有积极的认知时，他们会对组织产生更强的变革承诺，进而表现出变革支持行为（Shin et al.，2012）。Jimmieson 等（2008）研究发现，来自领导和同事的积极看法或支持行为形成的员工社会规范压力也正向影响员工的变革支持行为。Kim 等（2011）研究表明，员工预期的变革利益也会影响变革支持行为，例如组织变革可能带来的职位晋升、学习机会和自我实现等内在利益感知，以及组织变革可能带来的薪酬待遇提升等外在收益感知，并且内在利益比外在利益的预期更能激发员工变革支持行为（Peach et al.，2005）。Huang 等（2017）指出，个体自我决定动机会通过员工对周围环境的感知影响员工对待组织变革的态度和行为。此外，员工变革支持行为还与员工的组织认同和变革承诺有关（Peccei et al.，2011），研究表明，变革承诺中的变革规范承诺和变革情感承诺对变革情境下员工变革支持行为具有正向影响（Herscovitch & Meyer，2002；Meyer et al.，2007）。宁静（2013）研究发现，员工对变革结果的预期感知对变革情感承诺和变革规范承诺具有显著正向影响，对变革持续承诺具有负向影响。

2.1.3.2　情境因素

情境因素是指员工所处的变革环境，包括变革事件本身和员工所处的组织环境。首先，变革事件的影响，如变革内容、变革影响程度和范围、变革结果、变革规模、变革进程和变革速度、变革的后果。在变革内容方面，如组织兼并、组织架构调整、薪酬制度调整等，不同的变革内容和变革程度对个人变革反应是不同的（Fedor et al.，2006）。在变革的影响程度和范围方面，Devos 等（2007）指出，组织变革对工作的威胁性越大，人们对变革的开放性越低。组织变革本身具有一定的不确定性，会在一定程度上给员工带来威胁和不安全感。持续性的组织变革会加剧员工不安全感，从而加强员工对组织变革的抵制行为（Kiefer，2005）。Chawla 和 Kelloway（2008）的研究也证实了这一点，即持续性的大规模组织变革会加剧员工的不确定感知和不安全感，促使员工产生消极情感从而抵制组织变革。Pease（2000）研究发现，组织变革的规模越大，越会导致员工的消极态度和行为，负向影响员工对变革的支持。变革结果对员工的影响也比较大，任何变革都不可避免地触及员工的切身利益，例如工作、权力和声望等。Fedor 等（2006）研究表明，组织变革有利性对员工变革承诺有显著正向影响。另外，员工对组织变革结果的预期感知也能影响员工对组织变革的态度和行为、组织变革结果内在利益感知，例如可能会带来职位晋升、薪酬提升和工作环境改善等符合员工期望值的变革结果会促进员工变革承诺的产生，进而增强员工对组织变革的支持；相反，若员工看不到组织变革结果的利益，变革本身存在的不确定性和不安全感会直接导致员工抵制变革（Devos et al.，2007）。

其次，组织因素方面的影响，主要包括组织管理策略、领导行为等因素。在组织管理策略方面，Shin 等（2012）研究指出，组织的管理策略如组织的激励因素能对变革支持行为产生积极影响效果，包括为员工提供更多的学习机会，更多的决策自主权，更好的发展前景、晋升机会、医疗及社会保障、工资福利等，积极的组织行为能正向影响员工变革支持行为。员工参与组织决策也能促进员工支持行为的发生（王雁飞等，2021）。Devos 等（2007）研究表明，员工参与决策有利于提升员工对于变革的积极看法，员工参与变革决策对变革开放性有显著的正向影响。Brown 和 Cregan（2008）的研究表明，员工参与决策有利于降低员工的变革犬儒主义。Peccei 等（2011）的研究表明，员工的变革过程卷入度越高，则变革抵制越少。另外，支持性的组织环境能提高员工对组织变革的积极态度和行为，正向促进员工变革支持行为的产生（Holt et al.，2007）。组织变革沟通和信息对变革反应产生显著影响，Miller 等（2021）研究发现，高质量的变革信息对于员工变革开放性有正向影响。Allen 等（2017）研究也发现，高质量的变革沟通和自我感知接收到高质量信息的员工，减轻了变革不确定感，进而对变革持更为开放的态度。Brown 和 Cregan（2008）的研究表明，信息共享也有利于降低员工的变革犬儒主义。然而，组织变革情境下，并不是信息越多越好。Oreg（2006）研究发现，信息越多，员工抵制越强，员工抵制强弱与信息多少无关，更多取决于信息内容和沟通方式。组织沟通学习氛围对员工变革支持意向的形成具有显著正向影响，组织变革中乐观、轻松的组织氛围和环境会使员工对组织变革抱有极大热情并付出相应努力促使变革成功（张启航，2010）。

领导因素是影响员工变革支持行为的重要组织因素，有效的领导在管理变革中能促进员工变革支持行为的产生（Lines et al.，2016），在激发员工变革支持行为过程中发挥着关键作用（Abrell-Vogel & Rowold，2014），组织变革中领导的动员行为能正向促进员工变革支持行为的产生（柏帅蛟，2016）。例如，变革型领导积极为员工搭建美好愿景、给予员工个性化关怀，能一定程度降低组织变革不确定性带来的压力，帮助员工积极面对变革从而产生变革支持行为（Herold et al.，2008）；包容型领导能通过提供安全依恋来减缓员工对组织变革的担忧，进而激发变革支持行为，能通过营造浓厚的团队心理安全感、给予员工个性化支持，增强员工对组织的情感承诺，进而促进员工的变革支持行为（王雁飞等，2021）；魅力型领导能够通过激发员工的自我认知和评价影响员工动机，通过展示超常规行为方式感染员工，为员工起到榜样角色表率作用，从而提高员工自我概念，促进员工变革支持行为的产生（许苗苗、郑文智，2016）；教练型领导通过工作指导、分享经验、引导启发等方式丰富员工解决问题的知识、技能和方法，从而增加员工应对变革的心理资源，通过为员工提供职业指导，使员工获得更好的职业发展空间和机会，提高员工变革的内在激励性（周良海，2018）。不仅如此，部分学者从复杂情境的角度验证了复合型领导风格也会对变革支持行为产生积极影响。例如，刘懿宸（2021）研究发现，悖论式领导行为能够通过工作重塑的中介作用对员工变革支持行为产生积极影响。孙柯意和张博坚（2019）通过对湖南省10家中小型民营企业的56名直属上级和307名员工进行配对问卷数据的实证研究，检验了悖论式领导行为与员工变革支持行为的关系，研究发现悖论式领导通过员工关系认同的中介作用正向影响员工变革支持行为，员工正念是悖论式领导与员工变革支持行为之间作用的边界条件。除了领导行为风格对员工变革支持行为的影响作用之外，领导与员工的上下级关系和同事之间的关系也能影响员工对变革的态度和行为。在组织变革情境下，高质量的领导—员工关系能够增强领导和员工的有效沟通，进而激发员工对变革的积极态度和行为（Kim et al.，2011）。韩雪亮（2017）通过对99家企业的调查研究发现，组织变革情境下，领导与下级之间的情感关系质量越高，则越能够减少员工对变革的抵制，增强员工对变革的接受度和支持度。综上所述，前期的研究成果证实了员工变革支持行为的影响因素包含了员工个体特质和个体认知、变革事件特征和组织因素等，如图2-1所示。

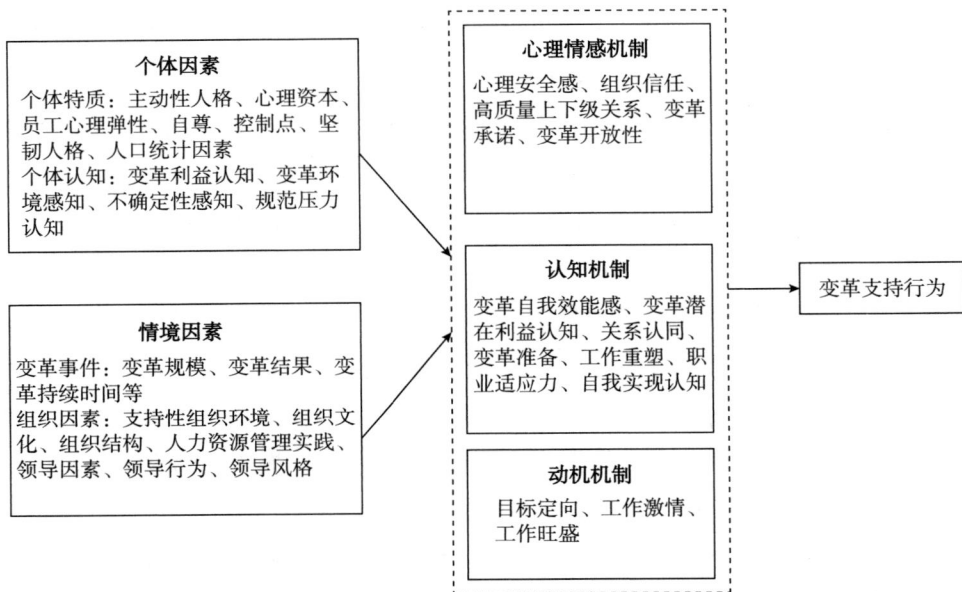

图 2-1 员工变革支持行为的影响因素

资料来源：笔者根据资料整理。

2.1.4 变革支持行为研究述评

通过上述梳理可知，变革支持行为是员工支持计划性组织变革并力求做出贡献的积极主动性行为，是组织变革成功的关键要素。因此，如何激发员工变革支持行为一直是学术界关注的焦点问题。研究者针对员工变革支持行为影响因素做了大量的研究，形成了丰富的研究成果。前期的研究成果证实了员工变革支持行为的影响因素包括员工个体特质和个体认知、变革事件特征和组织因素等。如图2-1所示，研究者从不同的研究视角发展了个体/情境因素—心理情感—员工变革支持行为、个体/情境因素—认知—员工变革支持行为、个体/情境因素—动机—员工变革支持行为等分析框架，并且对相关研究进行了梳理和综述（曹晓丽、马金芳，2018）。但组织变革是永恒的主题（Herold et al.，2008；Lewis，2000；Abrell-Vogel & Rowold，2014），变革支持行为的相关研究仍有很大空间需要进一步探讨，未来研究者可以从以下三个方面拓展和深化员工变革支持行为的研究：

第一，影响员工产生变革支持行为的前因变量。一方面，随着组织环境日益复杂动态化，在这种环境下进行组织变革本身充满着各种不确定性因素，员工是否产生变革支持行为取决于多种因素的共同作用。另一方面，当前企业新生代员工占主体地位，他们个性凸显，表现出需求的多样化特性，企业管理者常常面临满足组织需要和员工需要的矛盾性问题，未来可进一步对以矛盾性整合为特征的领导行为对员工变革支持行为的影响作用进行研究。

第二，前因变量影响变革支持行为的多重路径。变革支持行为是针对计划性组织变革而产生的计划性主动行为（Kim et al.，2011）。一方面，作为"理性经济人"，员工是否支持变革是出于对变革事件的理性考量和认知，包括变革可能带来的潜在利益（Kim et al.，2011；宁静，2013；柏帅蛟，2016）、组织变革成功可能性（Jimmieson et al.，2008）、变革效能感（柏帅蛟等，2017）等。另一方面，是否支持组织变革还取决于员工对组织变革的情感反应，如员工心理资本状况及其情感需求的满足程度（王雁飞等，2021）。由于组织变革的不确定性，人们常常将组织变革视为压力事件，给员工带来工作和生活上的冲击和压力，使员工产生紧张和压力，滋生消极情绪进而产生负面反应，抵制组织变革（Kiefer，2005；Bordia et al.，2004）。由此，研究变革支持行为的影响因素可从认知和情感双重路径进行系统探讨。本书通过文献梳理发现，以往的研究更多侧重于从情感层面探讨变革支持行为的影响因素，使研究结果具有一定的片面性。未来可以同时从认知和情感等多方面进一步拓展前因变量对变革支持行为的影响路径。

第三，前因变量与变革支持行为影响关系的边界条件。变革支持行为的产生与个体特质有关，个体特质的差异性造成同一情境下的个体产生不同的行为反应（Bateman & Crant，1993）。因此，在对影响因素与变革支持行为的关系进行研究时，需要探讨不同个体特质边界条件下的影响效应。Kim 等（2011）也指出，变革支持行为的产生是一个复杂的过程，在相同的变革情境下，不同员工个体的态度和反应也可能是不同的。因此，在探究变革支持行为产生的影响机制时，需要考虑相应的边界条件。

综上所述，现有文献对员工变革支持行为的影响因素做了大量研究，除了员工本身的个体特质因素外，变革支持行为的产生很大程度受到外部情境因素的影响。而领导因素被认为是主要的情境影响因素，因为领导是组织正式权力的占有者，控制组织的关键资源和发展机会，领导的管理策略和领导行为方式对组织因素和变革事件都具有重要影响，如领导能够影响组织制度、组织文化、组织变革氛围、变革进度、变革规模、变革结果预期等（Piderit，2000；Alhaddad，2015；王雁飞等，2021）。现有文献虽然也有大量探讨领导因素与员工变革支持行为关系的研究，但主要集中在"非此即彼"的单一结构领导行为对员工变革支持行为的积极作用。随着环境日益复杂动态化，"非此即彼"的单一领导行为难以应对组织管理中存在的各种矛盾悖论性问题。未来研究还可进一步探讨其他类型的领导行为（如双元领导、悖论式领导等）与员工变革支持行为的关系。

2.2　悖论式领导行为

2.2.1　悖论思想的来源及其在组织管理中的运用

悖论最早是哲学领域的概念，早在西方的古希腊哲学和中国春秋战国时期就出现了悖论的哲学思想（Lewis，2000；包利民，1992）。西方关于"悖论"的英文单词是"paradox"，是由"para"（与……相反）和"Doxa"（意见）这两个希腊词演化而来，意为自相矛盾的两面性。中国的道家思想就体现了悖论思想文化，道家思想强调阴阳对立，但又强调阴阳两极的相互依赖和相互转化（袁翔珠，2009）。阴阳哲学从西周创立至今，一直影响着国人的思维方式，东方阴阳哲学文化对悖论的理解是包容、整合和系统性，强调世间万物皆是对立、统一、相互包容和一体化的（袁翔珠，2009）。其中，道家的阴阳鱼图形是悖论思想的典型代表性体现之一，道家阴阳鱼图中，白鱼和黑鱼之间有明显的边界隔开，但同时白鱼和黑鱼又被包裹在一个圆中并且首尾相互连接，说明白鱼和黑鱼各自黑白对立但同时又都处于一个系统中相互联系并相互融合（章伟文，1999）。

悖论思想近年来被应用到组织管理中（Lewis，2000；Smith & Lewis，2011；Schad et al.，2016）。在组织管理领域，"悖论"被界定为"长久相互依存又相互矛盾的要素，这些要素在孤立时似乎都合乎逻辑，但并列考虑时却是矛盾的甚至是荒谬的"（Lewis，2000）。组织中的悖论具体包含了两个方面的特征：一方面，相互矛盾性是核心，矛盾出现在对立元素中（如黑—白、阴—阳），带来组织中对立冲突的需求，因此给组织成员带来了张力（tension），进而促使竞争更为激烈（Zhang et al.，2019）。另一方面，对立元素又是相互依存的，就如同一枚硬币的两面，永远不能完全分离（Zhang et al.，2015）。组织中的悖论体现在竞争与合作、探索和利用、稳定与变革、人情与绩效、关注自我与关注他人等方面（Smith et al.，2012；Smith，2014）。组织中的这些悖论问题对管理有效性提出了挑战，组织期望领导控制工作并取得高的组织绩效，员工期望领导关心下属并赋予他们自主权。Mckelvey 和 Boisot（2003）指出，需要"复杂性打败复杂性"的管理策略应对当前日益复杂的环境变化。由此，悖论式领导行为的出现是必然趋势，悖论式领导行为基于阴阳哲学和悖论思维，能够运用系统性思维来整合矛盾的两面性，并具备相互对立又相互依存的矛盾行为处理能力，来同时满足组织和个体的矛盾性需求（Zhang et al.，2015）。

2.2.2　悖论式领导行为的概念及其与其他领导行为的区别

2.2.2.1　悖论式领导行为的概念

Smith 和 Lewis（2011）认为，时代的复杂性特征和管理的张力无处不在，有效的领导应具备复杂问题处理能力并具备系统性悖论思维，这种能有效应对组织管理长期存在的既相互对立又相互关联的悖论张力的领导能力是悖论式领导力（Paradoxical Leadership，PL）。领导对悖论式张力的管理可以给个体、群体和组织带来柔性和稳定，促进企业组织更好地适应外部动态环境。Smith 和 Lewis（2011）把悖论式领导定义为通过接受、差异化和整合三种元技能，来有效应对组织任务绩效和人际管理之间张力的领导。Lavine（2014）根据竞争价值框架提出，悖论式领导力就是既确保柔性与稳定的整合，又保持内部流程与动态情境的匹配的领导能力。随着组织所面临的环境越来越复杂多变，领导不可避免地会面对各种看似矛盾却又相互关联的需求以及由此产生的张力，领导应具有对组织中的悖论性、矛盾性和复杂性的认知能力并采取相应的悖论行为（Lewis et al.，2014）。基于组织中的悖论式管理需求，Zhang 等（2015）将悖论视角和领导研究相结合提出了悖论式领导行为概念，认为悖论式领导行为指的是组织领导在领导过程中采取的一系列看似竞争却又相互联系，并能随着时间推移同时满足组织和员工需求的一种领导行为，是一种强调悖论矛盾思维协调和整合的领导行为方式。Zhang 等（2015）将悖论式领导行为划分为五个维度：

（1）与员工既亲密又保持距离。领导—成员交换（LMX）理论表明，上下级关系密切有助于追随者表现出积极的工作态度和行为，然而上下级关系过于亲密也是有害的，会破坏追随者对领导的魅力归属，需保持一定的距离才能使领导更具有权威和魅力（Galvin et al.，2010）。因此，保持距离和拉近与员工的关系这两种行为逻辑是相悖的，但也是相互依存的，领导受到了保持距离和满足人际关系需求的挑战（Zhang et al.，2015）。

（2）既维持决策控制又允许自主性。领导既能采用集权方式推动组织战略实施，保证战略决策的执行，同时又给予员工行动的灵活性和自主性，保证战略执行过程中员工能根据环境变化灵活进行策略调整，同时也赋予员工适当的工作自主权，增加了员工心理授权、乐观和自我效能感。在以往的权变领导理论中，领导集权和授权、决策控制和允许自主性等往往是矛盾相悖的，认为不存在最好的领导方式，其有效性取决于情境（Lewis，2000；Smith & Lewis，2011）。

（3）保持以自我为中心与以他人为中心相结合。以自我为中心意味着领导是影响力的中心，那些高度自信并成为工作中心的领导能够保持其核心影响力。而兼顾以自我为中心和以他人为中心的领导不仅自信，而且对他人认可和尊重，这种领导既能保持其核心影响力，同时表现出谦卑和对他人的认可，能增强员工的自我效能感。

（4）既同等对待员工又允许个性化。同等对待员工体现了组织公平性，但同时又要顾及员工的不同身份和个性特征，例如领导在进行工作分配时可以公平地安排员工的工作量，但是在具体任务分配上，可以考虑员工自身的长处和偏好，这样的领导行为既体现公平又满足员工个性化需求。

（5）既严格执行工作又允许灵活性。领导既要按照战略要求强制推进工作使战略得到顺利实施和执行，保证组织制度落地，同时在具体实施过程中也要给员工适度的灵活性，允许他们按照自身擅长的方式和方法、适宜的工作节奏去解决问题，并随着情况的变化适时为员工提供灵活的支持。

本书借鉴已有的研究成果，将悖论式领导界定为那些具备复杂处理能力并具有系统性悖论思维，具有能够接受和整合差异化矛盾对立的技能，来有效应对组织管理中时常存在的矛盾对立关联张力的领导。组织管理者具有的有效应对组织管理长期存在的既相互对立又相互关联的悖论张力的领导能力是悖论式领导力。基于以往的研究，悖论式领导行为是悖论式领导在组织管理中表现出来的领导行为风格。根据 Zhang 等（2015）对悖论式领导行为的定义，悖论式领导行为指的是组织领导在领导过程中采取的一系列看似竞争却又相互联系，并能随着时间推移同时满足组织和员工需求的一种领导行为，是一种强调悖论矛盾思维协调和整合的领导行为方式。本书对悖论式领导行为的探讨沿袭 Zhang 等（2015）对悖论式领导行为的定义与测量。

2.2.2.2　悖论式领导行为与其他领导行为的区别

悖论式领导行为主要是为应对复杂的组织环境而提出的一种新型领导行为方式（Zhang et al.，2015）。在以往的领导行为类型中，权变领导行为（Lewis，2000）与双元领导行为（Rosing et al.，2011）同样是基于复杂组织环境的领导行为方式。为了更好地理解悖论式领导行为的概念和内涵，本书通过文献梳理，将悖论式领导行为与权变领导行为和双元领导行为进行对比分析。

（1）悖论式领导行为与权变领导行为。悖论式领导行为和权变领导行为都强调领导行为与环境的关系，但两者在概念、理论基础、认识视角、思维逻辑和作用效应等方面存在一定的区别。谭乐等（2020）在梳理相关文献后，将两者进行对比，本书在借鉴其整理结果的基础上查阅相关文献进一步整理了两者的区别，如表 2-2 所示。

首先，从概念和概念产生的理论基础来看，两者在关注点上存在区别。权变领导行为强调领导行为与情境的即时匹配性，权变领导产生的理论基础是权变理论，强调的是领导行为随着环境变化而变化，不存在某种特定的行为模式，权变领导行为关注的是"变"，认为有效的领导行为应该是善变的（Smith & Lewis, 2011）。悖论式领导行为则更强调矛盾的整合性，强调矛盾两端对立的统一和共存，领导行为要将矛盾进行协同处理。悖论式领导行为产生于阴阳哲学理论，认为管理中普遍存在矛盾两面性，应将其作为一个整体看待，并用系统整体方法处理管理问题（Zhang et al., 2015）。

其次，从思维逻辑和时空维度来看，权变领导行为对应"二选一"（either/or）取舍逻辑（"A"或"B"），选择 A 还是选择 B 取决于当时的情境，强调的是特定时空即时情境的匹配性（Lewis，2000）。悖论式领导行为采用"二者皆"（both/and）逻辑（既"A"又"B"），认为所有存在的矛盾两端都是不可分立的，应统一采纳和接受，只选择和接受其中一方而摒弃另一方的领导行为是无法有效处理问题的。悖论式领导还强调时空系统整合性，关注的是长远的整体性而不是即时的临时性效果（Zhang et al., 2015）。

最后，从作用效应来看，权变领导强调的是即时的有益性，着重解决即时性的问题，通常采用分化策略，关注的是对当时情境有利的积极作用效应（Lewis，2000）。而悖论式领导更着重于长远目标，强调的是整体利益，既要解决即时问题，也要着眼于长远问题，悖论式领导行为可能同时产生积极和消极的作用效应。

表 2-2　悖论式领导行为与权变领导行为的区别

对比视角	权变领导行为	悖论式领导行为
概念和理论依据	以权变理论为依据，基于情境变化的领导行为（Fiedler, 1962）	基于阴阳哲学理论，是协调整合矛盾的一种领导行为（Zhang et al., 2015）
思维逻辑视角	"二选一"（either/or）逻辑（Fiedler, 1962; Wilpert, 1984）	"二者皆"（both/and）逻辑（Zhang et al., 2015; Jansen et al., 2016）
时空维度	特定时空即时匹配（Heller & Heller, 1976; Wilpert, 1984）	时空系统整合（Zhang et al., 2015; Jansen et al., 2016）
作用效应	更强调积极效应（Fiedler, 1962; Martin, 1973）	可能存在积极和消极的双刃剑效应（Shao et al., 2019; 李锡元、夏艺熙，2022）

资料来源：笔者根据资料整理。

（2）悖论式领导行为与双元领导行为。双元领导行为是指由两种差异互补的领导行为所组成的一种新型领导行为方式（Rosing et al.，2011），是结合了双元理论和领导力理论所形成的领导行为类型。相较于单一的领导行为风格，双元领导行为方式满足了复杂动态环境下组织竞争和可持续发展的需求，采用"两者都"而不是"二选一"的领导行为方式能够动态、协同处理组织中的矛盾张力。为处理组织中的矛盾张力，双元领导需要在多种相悖的领导方式之间进行灵活转换（罗瑾琏等，2016）。Rosing 等（2011）基于创新情境将双元领导界定为集合了开放式领导行为和封闭式领导行为，能同时促进组织和员工的探索和开发双重创造力的领导行为方式。作为在复杂多变环境下应运而生的两种新型领导方式，悖论式领导行为和双元领导行为都要同时解决看似竞争却皆重要的目标，有些关于双元领导的研究文献体现出基于悖论视角关注双元领导行为既相互分离又相互依赖的特征。然而，两者存在一些差异，谭乐等（2020）通过梳理相关文献后，将两者进行对比，本书在借鉴其整理结果的基础上查阅相关文献进一步整理了两者的区别，如表 2-3 所示。

首先，在概念的界定上，双元领导行为是领导基于情境需要在不同领导行为风格之间进行切换和选择（如变革型领导行为和交易型领导行为），以满足动态竞争环境的需要（Rosing et al.，2011；管建世等，2016）；悖论式领导行为是将组织情境中的矛盾两端进行整合的一种领导行为方式（Zhang et al.，2015）。两者对概念界定的着力点不同（谭乐等，2020）。

其次，两者概念界定的理论视角不同（谭乐等，2020）。双元领导行为以组织双元理论和权变理论为基础，强调领导需要平衡并视情况在两种领导行为风格（如开放式和封闭式领导行为、变革型和交易型领导行为）之间灵活切换（Rosing et al.，2011；管建世等，2016），不强调对立统一；而悖论式领导行为则以阴阳理论及悖论理论为基础，强调对立统一，不仅关注矛盾目标的冲突性，更关注其关联性，从整体视角统一协调和整合矛盾目标（Zhang et al.，2015）。相对于双元领导行为的平衡与切换特征，悖论式领导行为更突出体现其协同共存性。

再次，尽管两种领导行为均强调两极，但双元领导行为的两极内涵相对更广泛，与悖论式领导行为相互矛盾的两极相比，双元领导行为的两极不一定是相互排斥的（Putnam et al.，2016），如变革型领导和交易型领导。另外，两者的时空维度和作用机制不同。双元领导行为强调通过追求平衡或妥协发挥作用，在特定情境的时空内转换与分配；而悖论式领导行为强调将对立两极进行协调和整合，即通过优化或同时追求两极来发挥协同作用（Zhang et al.，2015）。

最后，双元领导行为更强调两极之间的有益补充，通常更强调领导对组织的积极效应，将领导行为方式进行切换，就像人的左右手一样灵活并用（罗瑾琏等，2016），以更加巧妙地实现竞争目标，带来积极效应；而悖论式领导行为则有可能带来积极和消极的双刃剑效应。

表 2-3 悖论式领导行为与双元领导行为的区别

对比视角	双元领导行为	悖论式领导行为
概念和理论依据	以双元理论为依据，基于情境的领导行为方式切换（Rosing et al.，2011；管建世等，2016）	基于阴阳哲学理论，协同和整合矛盾的一种领导行为方式（Zhang et al.，2015）
两极关系	两极之间不一定相互排斥（Rosing et al.，2011；Putnam et al.，2016）	两极之间相互矛盾且相互关联（Zhang et al.，2015）
时空维度	特定时空转换与分配（Rosing et al.，2011；罗瑾琏等，2016）	时空系统整合（Zhang et al.，2015）
作用效应	更强调积极效应（罗瑾琏等，2016；谭乐等，2020）	可能存在积极和消极的双刃剑效应（Shao et al.，2019；李锡元、夏艺熙，2022）

资料来源：笔者根据资料整理。

2.2.3 悖论式领导行为形成的影响因素

目前，学术界关于悖论式领导行为的研究还处于起步阶段。笔者梳理相关文献发现，相关的研究主要集中在悖论式领导行为的影响效果方面，直接探讨悖论式领导行为前因变量的相关研究非常少。本书根据对相关文献的梳理和总结，发现悖论式领导行为形成的影响因素主要有领导的个体因素、组织环境情境因素和社会文化因素等方面。

首先，领导的个体因素主要包括领导的整体思维、认知复杂性（Smith & Lewis，2011）、行为复杂性（Denison et al.，1995）和情绪平静性（Bass，1985；

Waldman & Bowen，2016）等个体特征，具有这些特征的领导更可能形成悖论式领导行为。Smith 和 Lewis（2011）认为，领导的认知复杂性是关键。Zhang 等（2019）证实，具有整体思维和综合复杂性的认知因素对管理中悖论式领导行为的产生具有显著预测效应。此外，武亚军（2013）通过对华为创始人任正非的"灰度管理"进行追踪调查，研究发现其思维具有认知复杂性和悖论整合等特征，证实了具有整体思维的领导可能认为悖论矛盾两端皆正确，更可能将矛盾对立进行统一整合，寻求矛盾共生的可能性。Waldman 和 Bowen（2016）认为，情绪调节会直接影响悖论式领导行为，面对组织悖论和不确定性张力时，情绪平静的特质可以降低焦虑和恐惧，促进领导采取悖论式行为处理矛盾。

其次，除了个体差异外，Zhang 等（2015）基于情境视角研究发现，柔性化组织结构下的领导更可能在管理中表现出悖论式领导行为。另外，环境不确定性会激励领导者采取悖论复杂性的管理行为（袁楚芹，2019）。

最后，社会文化是悖论式思维的渗透性外缘因素。Smith 和 Tushman（2005）的研究表明，悖论的认知框架受到文化和情境变量的影响。Keller 等（2017）将中美两国员工工作的合作与竞争作为实证研究的情境，发现中国员工更喜欢同时有合作和竞争的环境，另外，具有不同文化背景的人员处理悖论的范式也是不同的，东方文化更强调相互依存及和谐共生，而西方文化更强调对立与独立的非此即彼的思维。

综上所述，就目前研究来看，悖论式领导行为的产生主要与领导个体认知因素有关（Lewis，2000），同时还与组织内外部环境因素有关（Smith & Lewis，2011），但相关的实证研究较为缺乏，尚未形成统一的研究结论。

2.2.4　悖论式领导行为的影响效应研究

2.2.4.1　悖论式领导行为在个体层面的影响效应研究

目前，学术界对悖论式领导行为在个体层面的作用效果的研究，主要聚焦于悖论式领导行为对员工主动性行为、双元行为、创造力、追随行为、建言行为及工作绩效的影响作用。

Zhang 等（2015）研究发现，悖论式领导行为通过向员工展示如何接受和拥抱复杂环境中的矛盾，同时平衡高工作要求和高自主性，从而促进员工的熟练工作行为、适应性行为及主动性行为。彭伟和李慧（2018）以中国 10 家高新技术企业的实证数据为基础，研究发现悖论式领导行为对员工主动性行为具有显著的促进作用。李锡元等（2018）以社会交换理论和社会信息加工理论为基础，研究发现悖论式领导行为有助于激发员工的促进性和抑制性建言行为。Jia 等（2018）则发现，悖论式领导行为有助于有效整合和向员工解释冲突的社会信息，从而激发员工的追随行为。可见，已有研究支持了悖论式领导行为对员工主动性行为和追随行为的积极影响。另外，还有研究证实了悖论式领导行为会对员工双元行为产生正向影响（王朝晖，2018；Kauppila & Tempelaar，2016），对员工创造力产生正向影响（Yang et al.，2019；苏勇、雷霆，2018）。孙柯意和张博坚（2019）基于社会交换理论的研究证实了悖论式领导行为显著正向影响员工变革支持行为，员工关系认同在悖论式领导行为与员工变革支持行为之间起中介作用，员工特质正念在悖论式领导行为与员工关系认同之间起正向调节作用。刘懿宸（2021）基于自我决定理论视角研究发现，悖论式领导行为对激发员工的变革支持行为具有积极影响，悖论式领导行为能够通过工作重塑的中介作用对员工变革支持行为产生积极影响。

除影响员工工作行为之外，已有研究还进一步探讨了悖论式领导行为对员工工作绩效的影响。具体来说，Zhang 等（2015）研究发现，悖论式领导行为有助于提高员工的工作熟练度，进而提高员工工作绩效；She 和 Li（2017）以关系认同理论为基础，研究发现在中国企业中悖论式领导行为对员工工作绩效存在积极影响。上述研究中，悖论式领导行为对员工工作绩效和工作行为的影响虽各不相同，但都证明了悖论式领导行为的积极影响。也有少数学者研究证实了悖论式领导行为对员工行为的消极影响。Hiller 等（2019）研究发现，基于东方理论的悖论式领导行为在西方情境下对员工行为绩效的作用并不明显，对有些员工产生的作用甚至是消极的。Shao 等（2019）也研究发现，悖论式领导行为并不是对所有员工都能产生积极效应，在不利的条件下，悖论式领导行为的作用是消极的，有必要对悖论式领导行为效用的边界条件进行研究。

2.2.4.2 悖论式领导行为在团队层面的影响效应研究

悖论式领导能够加强团队内部成员的交流和互动，促进团队成员之间资源的流动，在团队层面能起到典型示范和氛围营造的作用，增强团队互动和交流的频率（Grant et al.，2010）。悖论式领导能够在维系自身核心地位的同时，确保团队成员工作的主体地位，充分信任和尊重团队成员，积极与团队成员形成良好的上下级关系，有助于增强团队成员的认同感和依赖感（Zhang et al.，2015）。悖论式领导平等对待员工，同时允许员工差异化和个性化，与员工关系亲密的同时保持适度的距离（Zhang et al.，2015）。悖论式领导的这种行为特性能够为团队成员营造一个和谐、良好的工作氛围，有助于团队成员之间互动以及团队内部知识、资源的传递和共享（付正茂，2017；彭伟、李慧，2018）。悖论式领导在保证决策控制权的同时给予员工足够的工作自主权，有利于消除紧张的上下级关系（Franken et al.，2020），起到激励和鼓舞团队成员的作用，促进团队凝聚力的形成，使团队成员能够进行深入沟通并形成团队知识结构，有助于团队知识资源的形成（王朝晖，2018）。另外，还有研究表明，悖论式领导行为能够对团队创造力和组织绩效起到正向促进作用（彭伟、李慧，2018）。彭伟和马越（2018）研究发现，悖论式领导能兼顾看似矛盾却又相互联系的领导行为，发挥二元整合效能，从而有效提升团队效能感。王彦蓉等（2018）则以华为为研究对象，运用扎根理论进行编码分析，通过案例研究进一步支持了悖论式领导行为对组织二元性的促进作用，并揭示了悖论式领导行为对组织二元性的作用机制。可见，已有研究证明了悖论式领导行为对组织发展、组织内部成员的信任感和依赖感、团队创造力和团队绩效都具有正向影响。

2.2.5 悖论式领导行为研究述评

悖论式领导行为的核心是悖论思想。目前，悖论式领导行为相关研究已取得一定成果，但作为一种新型领导行为风格，目前学术界对悖论式领导行为的影响因素和作用机制的研究都处于起步阶段，悖论式领导行为的有效性还需进一步进行验证（Shao et al.，2019）。通过对研究成果进行文献回顾，笔者发现目前相关研究主要集中在悖论式领导行为对团队及个体绩效的影响效应方面，大多数研究结果表明悖论式领导行为能够正向促进个体积极性行为的发生，例如研究发现，悖论式领导行为正向促进个体创新行为（彭伟、李慧，2018）、个体主动性行为

（彭伟、李慧，2018）、建言行为（李锡元等，2018）、双元行为（付正茂，2017）等。但也有学者指出，作为一种抽象的领导行为风格，悖论式领导行为并不是对任何员工或者在任何情境下都适用，在不利的条件下，悖论式领导行为对员工行为绩效的促进效果会减弱（Shao et al.，2019），在不同的情境下，悖论式领导行为可能还会产生消极效应（Hiller et al.，2019），未来还需要进一步关注悖论式领导行为的双刃剑效应（Hiller et al.，2019；谭乐等，2020），还需进一步深入探讨不同的边界条件下悖论式领导行为影响员工行为绩效的机理和作用机制，以及对哪些员工表现出积极（或消极）效应等问题（Shao et al.，2019；Baard，2019）。

综上所述，未来还需从以下三个方面进一步研究：其一，进一步拓展悖论式领导行为有效性的研究领域；其二，拓展研究悖论式领导行为起效用的边界条件；其三，进一步关注悖论式领导行为的双刃剑效应。

2.3 悖论式领导行为与员工变革支持行为的关系

2.3.1 组织变革中的领导行为与员工反应

2.3.1.1 领导实施变革过程的阶段模型

组织变革的微观视角主要研究变革中"人"的因素，包括变革中领导与员工的心理和行为，如领导力和领导行为（Kotter，1990）、员工心理和行为反应（Piderit，2000；Kim et al.，2011）、组织公民行为（Turnley et al.，2003）等。微观视角组织变革的过程研究，包括变革管理者在推动组织变革的过程中实施变革措施的行动阶段与步骤，也包括组织成员理解变革的阶段和过程，领导作为变革管理者应使这两个阶段相互匹配和协同（Armenakis & Bedeian，1999），从而达到预期变革目标。

Lewin（1947）最早提出"解冻、行动、再冻结"的变革三阶段模型，用以解释和指导变革管理者如何发动、管理和巩固组织变革过程。根据该过程模型，组织变革需要经历解冻、变革和再冻结的过程。在解冻阶段，推动变革的领导认识到变革的合理性和可行性，从而愿意做出变革行为，打破既有的组织结构和制度，引发组织变革紧迫感，创造变革需要，为组织变革做好准备。在变革阶段，变革管理者需要采取变革行动，改变组织惯例和行为，发展新的组织行为、价值和态度，以便达到新的水平。最后再冻结，通过一系列措施和支持机制，使组织稳定在一个新的均衡状态，让变革结果得到巩固，以防再回到原来的状态。Lewin（1947）认为，在组织变革中，推动变革的有利因素和抵制变革的阻碍因素同时存在，当两者力量不平衡时，变革就随之发生。

Lewin（1947）的变革过程阶段模型的研究成果成为变革过程研究的基础，诸多学者在此基础上，提出了更为深入和细化的变革过程阶段模型，如 Judson（1991）的五阶段模型，包括变革需求分析和变革实施计划、变革的沟通和宣传、让变革人员认可变革内容和变革目标、实施具体的变革措施达到变革目标、将变革成果进行应用和巩固；还有 Kotter（1995）的变革八阶段模型，包括制造变革紧迫感、建立变革领导联盟、构建变革愿景、沟通和宣传变革愿景、采用具体变革措施实施变革策略、创造短期变革成果、巩固已有变革成果、将变革成果制度化。前期学者对组织变革过程阶段的细分，为组织变革过程领导与员工互动的研究提供了更为具体的研究情境。

2.3.1.2　组织成员理解变革的过程模型

在变革管理者推动组织变革发展的过程中，组织成员对组织变革的理解和反应如何？一些学者从组织成员的视角出发，对组织成员理解变革过程的态度和行为进行研究，提出了成员变革反应的过程模型（Isabella，1990；Jaffe et al.，1994）。Jaff 等（1994）指出，组织成员在组织变革过程中经历了个体心理和行为反应的阶段过程，他提出了一个四阶段模型：否认（Denial）—抵制（Resistance）—探索（Exploration）—承诺（Commitment）。回顾相关文献，学者们对员工个体心理和行为反应的研究主要有以下几类变革反应变量：

（1）变革抵触（Resistance to Change），包括否认（Denial）、抵制（Resistance）等，主要表现在变革的前期阶段。由于变革会给员工带来不确定性和压力，因此员工的第一反应往往是抵制变革，试图推迟变革，并努力让决策者相信推动变革是不恰当的（Armenakis & Bedeian，1999）。员工对变革的抵制不仅表现在行为上，还体现在情感、认知和态度上（Piderit，2000）。早期学者将员工抵触变革视为一种阻力（Lewin，1952），之后有学者指出，应辩证地看待员工抵触，这种抵制心理和行为可能更容易让员工参与变革，从而使变革方案在组织内得到充分的沟通，可以提高决策质量，并强化员工对于决策执行的承诺（Piderit，2000；Ford，2008）。

（2）变革犬儒主义（Cynicism Toward Change），是员工对未来变革结果和变革推动者能力与态度不信任而表现出来的一种反应，不相信变革能成功，不相信领导有能力成功推动组织变革（Armenakis et al.，1999）。Walker 等（2007）对变革犬儒主义进行系统论述与验证，指出变革犬儒主义是员工认为推动变革的领导缺乏能力、缺乏热情或不胜任变革领导工作，从而对组织变革结果持悲观态度。

（3）变革开放性（Openness to Change）。变革开放性是个体支持变革的意愿和对变革可能结果的积极情感（Miller et al.，2021）。研究表明，变革开放性对员工工作满意度具有正向影响，对员工工作愤怒和离职意向具有负向影响（Wanberg & Banas，2000）。Miller 等（2021）指出，变革开放性是员工对于组织变革方案及其执行过程的开放性态度，高水平的变革开放性意味着员工较多的合作与支持。

（4）变革承诺（Commitment to Change）。组织变革承诺被定义为个体产生对组织变革计划所必须行为的一种心理定势（Herscovitch & Meyer，2002）。Herscovitch 和 Meyer（2002）进一步将变革承诺分为三个维度——变革情感承诺、变革规范承诺和变革持续承诺，构建了变革承诺的三维度模型。其中，变革情感承诺反映了个体出于内在信仰支持组织变革的愿望；变革规范承诺是出于个体支持组织变革的责任感和义务感；变革持续承诺体现了个体对不支持组织变革所须付出代价的认知。之后，Meyer 等（2007）通过对加拿大一家经历组织变革的公司的640 名员工样本进行纵向研究，进一步检验了变革承诺三维度模型的有效性和独立性。Herold 等（2008）研究指出，变革承诺不仅仅是对变革的积极态度，还包括愿意通过自己的行为来促进变革成功的意愿和意向。

员工个体对组织变革的反应与其所面对的变革事件及其情境有关（Devos et al.，2007；Jimmieson et al.，2009），不同情境，结合员工个体特质，会产生不同的变革行为和态度的反应（Shin et al.，2007）。Seibert 等（1999）在前人研究的基础上，进一步深入分析变革过程中员工态度和行为反应的六阶段模型：前沉思阶段—沉思阶段—准备阶段—变革行动—维持阶段—消退阶段。组织变革微观层面的变革过程研究，就是要研究变革管理者如何在推动组织变革过程实施的行动阶段与员工态度和行为反应阶段相匹配和协同（Armenakis & Bedeian，1999），从而达到变革的预期目标。

2.3.2　悖论式领导行为对员工变革支持行为的积极影响

通过文献梳理发现，目前仅有两篇文章直接探讨悖论式领导行为与变革支持行为的关系，且研究结论均显示两者之间具有积极的影响作用。孙柯意和张博坚（2019）根据湖南省 10 家中小型民营企业 56 名直属上级和 307 名员工的配对问卷数据，实证研究了悖论式领导行为与员工变革支持行为的关系，研究发现，悖论式领导行为通过员工关系认同的中介作用正向影响员工变革支持行为，员工正念是悖论式领导行为与员工变革支持行为之间作用的边界条件。刘懿宸（2021）基于自我决定理论视角研究发现，悖论式领导行为对激发员工的变革支持行为具有积极影响，对员工的工作重塑产生积极影响，能够通过工作重塑的中介作用对员工变革支持行为产生积极影响。

领导常常是计划性组织变革的发起者和推进者，领导在组织变革中对变革的演进过程与变革参与者的态度和行为具有重要的影响（Alhaddad，2015；王雁飞等，2021；柏帅蛟，2016）。例如，领导可通过一系列活动，如激励、指导、率领等对组织成员施加影响，改变其行为方式，以促进组织目标最终实现（Robbins & Coulter，2012）。尽管以往直接研究悖论式领导行为与员工变革支持行为关系的成果不多见，但根据那些关于影响员工变革的态度和行为反应的前驱因素的研究结果，能够推测出悖论式领导行为对员工变革态度和行为反应的重要性。例如，组织支持环境（Caldwell et al.，2004；Xu et al.，2016）、组织公平（Xu et al.，2016）、领导支持（Caldwell et al.，2004）、领导—成员交换（Sweet et al.，2004；Furst & Cable，2008)、组织支持（Self et al.，2007)、组织变革效能感（宁静，2013；柏帅蛟，2016)、情感承诺（刘晓梅，2019；王雁飞等，2021)、心理安全感（刘晓梅，2019；王雁飞等，2021)、高质量领导成员关系（Kim et al.，2011）等与悖论式领导行为有关的变量均被发现与员工积极的变革反应相关。这些研究结果给我们的启示就是组织变革中悖论式领导行为风格的一些行为策略能够促进员工对组织变革的积极反应，从而更好地推进组织变革的顺利实施。按照已有研究逻辑，悖论式领导行为所体现的五个维度对员工变革态度和行为均可能产生积极影响。

第一，悖论式领导是以自我为中心和以他人为中心相结合的（Zhang et al.，2015)。悖论式领导维系自身在组织中的核心地位的同时也关心和尊重员工的需求，对员工进行个性化关怀并适当授权赋能，最大限度发挥员工的工作自主性和灵活性。领导对员工关怀赋能并提供支持，即领导提供交换资源，此时，为了维系或强化这种社会交换关系，员工会考虑实施对组织有利的行为作为回报（孙柯意、张博坚，2019)。悖论式领导以自我为中心是为了确保领导权威，保证员工对领导的追随行为，为员工应对变革矛盾树立榜样（Mumford et al.，2002)，拓展员工对工作的整体理解，并使他们以同样的开放态度面对矛盾和挑战（Zhang et al.，2015)，从而减少员工对变革的不确定感和压力，保持变革积极态度和行为；悖论式领导同时也以他人为中心，使员工感知到被尊重和认可，提高员工变革效能感（张寒，2019；Shin et al.，2015)，从而可能提高员工的变革情感承诺（柏帅蛟等，2017)。相比以往的单一领导风格，例如自恋型领导强调以自我为中心，展现个人魅力，让员工将其作为榜样，忽视他人，可能使员工主动性不高，从而抑制员工在组织变革中的主动性行为的发生（阮文宇、付景涛，2022)。

第二，悖论式领导在与员工的互动过程中既亲密又保持距离，就是既与员工亲密联结感情但又保持一定的距离（Zhang et al.，2015)。在权力距离高的中国文化情境下，保持距离是为了维护领导在员工心中的权威感知，从而更加有利于领导实施管理职能，控制工作进度和要求（张曼、颜士梅，2009)。在组织变革情境下，领导权威能帮助领导按照既定目标推进变革活动，在一定程度上能确保组织变革的有效实施（科恩，2008)。与员工既亲密又保持距离的这种领导行为一方面会被员工看作领导维护自身形象与地位的角色行为，符合员工心理认知规律，但另一方面，悖论式领导与员工保持亲密关系，会向员工传递领导不"摆架子"、尊重与认可员工的信息，这种符合传统价值且兼具柔性的领导行为会促使领导与员工建立良好的上下级关系（彭伟、李慧，2018）。为了维持这种良好的上下级关系，员工愿意实施积极的、对组织有利的行为来回报领导的支持，员工会更积极主动地参与组织各项活动，包括组织变革活动（Sharifkhani，2016）。

第三，悖论式领导既保持决策控制又允许自主性，既严格执行工作又保持灵活性。组织变革的高度不确定性和风险性，导致员工会权衡变革支持行为的风险和收益（宁静，2013），一方面，员工会评估组织变革的成功可能性以及变革可能带来的收益；另一方面，出于情感需求，面对风险不确定性变革情境的员工需要组织的支持。悖论式领导既保持决策控制，保证组织变革战略方向的一致性，严格执行工作要求，保证组织变革和组织任务目标的完成，增强员工对组织变革成功的信心，提升员工对组织变革的效能感知；同时又允许灵活性和自主权，在员工执行工作过程中充分授权，营造开放、包容和支持的环境，提供个性化的支持（Zhang et al.，2015），使员工相信组织会鼓励和支持他们试探各种可能的工作途径和方法（Dawkins et al.，2015），从而产生变革支持行为的积极情感和心理能量（Naotunna & Arachchige，2016），削弱变革不确定性给员工带来的恐惧，使员工积极地面对组织变革（Franken et al.，2020）。悖论式领导行为保持决策控制和自主决策的统一，既保证了员工自主性的激发，同时也保证了组织变革活动的执行符合组织的战略目标，满足组织的需求。以往学者对工作弹性的研究发现，充分的工作弹性有利于激发员工自主行为，但是只有弹性而没有严格的工作要求和控制同样不能保证工作不偏离组织目标（郑建军，2008）。

第四，悖论式领导对待员工既一视同仁又允许个性化。领导同等对待员工有利于营造公平的组织氛围，形成支持的组织环境（李晓鹏、张敏强，2012），促进员工的团队形成相互学习和分享的组织环境，从而增强团队心理资本，促进员工个体主动性行为的发生（Walumbwa，2011），在开展组织变革活动时，团队的心理状态和心理资本能促进团队成员以积极的态度和行为来推动变革顺利进行。悖论式领导在同等对待员工的同时又允许个性化，这种个性化对待员工的领导行为能满足员工个体差异化的需求，促进员工积极主动参与组织活动（Liu et al.，2017）。

由此可见，悖论式领导行为的五个维度在组织变革情境下能够促进员工积极主动行为的产生。悖论式领导行为让员工感知到领导的信任和支持，从而激发员工内在感情依恋，提升员工情感承诺（袁楚芹，2019）。悖论式领导行为是将制度性和灵活性、任务性和情感性相结合的领导行为风格（Zhang et al.，2015），持开放和包容的领导特质，能够促进员工形成对组织的情感承诺（王雁飞等，2021），产生支持组织变革活动的行为。

2.3.3 悖论式领导行为对员工行为绩效的消极影响

已有的研究大多数证实了悖论式领导行为对员工主动性行为的积极影响作用（谭乐等，2020）。但也有学者指出，作为一种抽象的领导行为风格，悖论式领导行为并不是在任何情境下对员工行为绩效都能产生积极效应（谭乐等，2020；贺广明等，2020；Shao et al.，2019），在一定条件下，悖论式领导行为可能会对员工行为及绩效产生不利的影响甚至可能存在消极的作用（Shao et al.，2019；李锡元、夏艺熙，2022）。由此，学者们呼吁需要进一步探讨悖论式领导行为与员工行为关系可能存在的"阴暗面"（Shao et al.，2019；谭乐等，2020；贺广明等，2020）。Shao 等（2019）基于情境因素及员工差异研究悖论式领导行为对员工创造力的影响，研究发现悖论式领导行为仅在特定条件下产生积极作用，在不利的条件下，悖论式领导行为对员工个人效能的促进效果会减弱。由此认为，悖论式领导行为与员工主动性行为之间的作用是存在边界条件的，在有些条件下可能起到消极的作用效果。国内学者李锡元和夏艺熙（2022）基于资源保存理论研究了悖论式领导行为与员工适应性绩效的关系，研究结果表明，悖论式领导行为既有资源增益功能，也存在资源损耗功能。悖论式领导行为对员工工作活力和适应性绩效存在正向影响；同时，悖论式领导行为由于其矛盾整合性特征，使员工需要理解和整合矛盾冲突的领导行为，做出符合领导要求的出色表现，这种角色压力会使员工产生压力和负担，从而对员工适应性产生消极影响（李锡元、夏艺熙，2022）。Lewis（2000）认为，矛盾是一把双刃剑，具有矛盾思维的个体能激发主动性行为并能提高绩效，但同时也会威胁到人们的确定感，促使个体产生焦虑情绪和采取防御措施。Miron 等（2018）指出，具有矛盾思维的个体会重视、接受和适应矛盾，高水平的矛盾思维能够帮助个体重视并接受周围的矛盾现象，与之和谐相处，低水平的矛盾思维使个体难以适应矛盾的要求，将其视为威胁。因此，矛盾思维水平低的个体不会重视或尝试理解领导的悖论行为，导致悖论式领导行为无效化（Smith & Lewis，2011）。陈海啸和关浩光（2021）也指出，不是所有的员工都能适应悖论式领导行为方式，对于矛盾思维水平低的员工，悖论式领导行为产生的积极效应变得不显著。

2.3.4　悖论式领导行为与员工变革支持行为关系研究述评

通过文献梳理发现，第一，悖论式领导行为与员工变革支持行为的关系尚未得到充分分析，相关研究成果较为匮乏。随着环境日益复杂动态化，变革管理中的单一领导行为强调一方面而忽略另一方面均是不可取的（Zhang et al.，2015），而具有双重特征的悖论式领导行为被认为较能有效应对组织复杂性的矛盾张力问题（Lavine，2014；Zhang et al.，2015；刘善堂、刘洪，2015）。复杂环境下的组织变革需要领导采用具有整体系统思维和矛盾整合特征的悖论式领导行为来指导组织变革活动实施，但悖论式领导行为与员工变革支持行为的关系目前学界还缺乏深入研究。未来还需进一步深入研究本身具有矛盾复杂性特征的悖论式领导行为在推动组织变革过程中对员工态度和行为会产生什么样的影响作用，以及两者之间的影响机制和作用的边界条件。

第二，已有少部分学者对悖论式领导行为与员工变革支持行为的关系进行了相关研究，但大多聚焦于悖论式领导对员工行为的积极作用。随着研究深入，已有学者指出，在特定的条件下，悖论式领导行为对员工行为和绩效具有消极作用。前期学者研究结论的不一致性引发我们的思考，即悖论式领导行为是否对员工变革支持行为同时存在积极和消极的影响作用？若存在，其影响作用的边界条件是什么？未来可进一步从悖论式领导两面性出发，同时探讨悖论式领导对员工变革支持行为影响中可能同时存在的两面性作用机制。

第三，现有研究大多基于认知层面探讨悖论式领导行为与员工变革支持行为关系的边界条件，缺乏有关员工本身具有的个体特质差异形成不同的影响作用的探讨。但具有不同个体特质的员工，在同一种情境下会激活不同的认知和情感模式,从而导致不同人格特质的个体对同一情境的知觉、解释和反应不同,也就会产生不同的行为反应(Mischel & Shoda,1995)。现有研究结论表明,针对不同的个体,悖论式领导行为所起到的积极或消极影响作用是不同的(Shao et al.,2019)。那么,悖论式领导行为对哪些员工具有积极影响或消极影响?未来还需进一步探讨个体特质差异性在悖论式领导行为和员工变革支持行为关系中的边界作用。

2.4 主动性人格与员工变革支持行为

2.4.1 主动性人格的概念

主动性人格是反映员工个体特质的一个重要因素。Bateman 和 Grant(1993)将主动性人格定义为个体不受环境制约,善于寻求机会和捕捉机遇,积极主动探索新方法并采取主动行为影响周围环境的一种相对稳定的人格和行为倾向。Seibert 等(2001)指出,具有主动性人格的个体比较会主动识别机会并主动影响和改变环境,主动寻求资源解决问题,积极提升和充实自我。相反,具有被动性人格的个体则展现出对立面,他们依赖环境并被动适应环境,在行为趋势上更加趋向于保持现状。同时,Bateman 和 Grant(1993)指出了主动性人格和主动行为的区别,认为主动性人格是一种人格特质,而主动行为是一种行为,主动性人格是一种稳定的倾向,是持续的、跨情境的特征,趋向于预测主动行为。但主动行为则是聚焦于特定情形和状态的行为,不具有跨情境的稳定性。主动性人格是有效的个体差异变量,是区别于大五人格理论的一种独特的人格特质(Parker et al.,2010)。

2.4.2 主动性人格对员工工作态度和行为影响研究

相关研究主要证实了主动性人格可以影响员工的工作态度和行为。高主动性人格的员工面对压力时往往能够采取积极的应对措施来降低自身压力感知（Parker & Williams，2006），他们往往具备较高的心理资本和自我效能感（Anders & Bard，2011；Zhao et al.，2016）。高主动性人格的员工在面对环境压力时，能积极与上级领导沟通并寻求资源，通过领导—成员关系的中介作用形成组织承诺（Bakker et al.，2012）。Parker 和 Collins（2010）在构建主动行为由低到高三个层次结构时，同样也验证了主动性人格是主动行为的前因变量。主动性人格可以预测个体主动解决问题的意愿和信念（Parker et al.，2006）、个体创新行为（Seibert et al.，2001）、建言行为（Grant et al.，2009）等。具有高主动性人格的员工具备积极乐观心态，能正向影响上下级关系进而对组织公民行为产生正向影响（Bergeron et al.，2014）。Akgunduz 等（2018）针对饭店员工的一项调查实证研究也表明，具有高主动性人格的员工更容易与同事形成良好的关系，从而能够灵活获取相关资源，并且具备更多机会提高其工作自主性。同时，高主动性人格员工更容易形成高质量的上下级关系（Zhao et al.，2016），从而能够从上级领导那里获得更多的资源，进而提高组织承诺，激发员工组织公民行为的产生（祝金龙等，2009）。Parker 等（2006）的研究也表明，拥有主动性人格的个体由于具备改变周围环境的行为倾向，因而可以在一定程度上预测个体的主动性工作行为。Tornau 和 Frese（2013）的元分析也发现，主动性人格对工作绩效、组织承诺和工作满意度均具有积极的促进作用。Bakker（2012）的研究表明，拥有主动性人格的个体由于具备主动改变和影响周围环境的稳定倾向，因而他们更倾向于灵活运用身边的工作资源，以提高工作绩效。Seibert 等（1999）的研究表明，拥有主动性人格的员工善于识别环境变化带来的职业机会，积极应对并快速适应职业变化，主动改变和创造有利于职业发展的环境条件。Tolentino 等（2014）研究发现，高主动性人格员工往往拥有更加明确的职业目标，具备更强的职业适应能力，他们的职业自我效能感较强，更能积极探索职业机会。在职业发展中，拥有主动性人格的个体能够较好进行职业生涯管理，能正确处理职业生涯中遇到的困难和障碍（李焕荣、洪美霞，2012）。赵蕾和翟心宇（2018）的研究也证实了高主动性人格员工更容易产生主动性行为和建言行为，更容易积极主动参与组织活动。

2.4.3 主动性人格与变革支持行为关系研究

通过梳理文献，笔者发现已有部分学者将主动性人格引入组织变革领域进行相关研究。Smith 和 Torppa（2010）研究发现，相比拥有低水平主动性人格的员工，高主动性人格的员工更能接受组织变革的计划，具有更强的组织变革效能感，他们具有积极的心理态度相信组织变革能够取得成功，较少会对组织变革的结果产生悲观情绪。员工在面临不确定性和可能风险的变革情境时，具有主动性人格的员工善于寻求资源，提高其应对变革情境压力的能力（Grant，1995）。高主动性人格员工更乐于融入变革环境，更容易在情感层面形成对组织的承诺，在工作中展现更多的创新行为（Li et al.，2017）。高主动性人格的员工在面对组织变革压力情境时，会积极学习，主动去试错和创新，寻找解决问题的突破口，而低主动性人格员工则更多的是被动适应环境变化，不能较好应对组织变革压力（Parker et al.，2010）。梁萧阳（2020）研究证实了主动性人格在变革型领导与变革情感承诺之间的正向调节作用，认为相比低主动性人格的员工，高主动性人格的员工对组织变革能力的感知较强，更能促进变革情感承诺的形成，在面对组织变革内外部环境不确定情况时，会积极寻求工作资源以应对环境压力，从而拥有更高的自我效能感并且具有更强的工作信念，表现出更强的韧性（刘万利、张天华，2014）。曹晓丽等（2021）通过对高校教师的变革支持行为进行实证研究，证实了教师主动性人格在变革型领导与员工变革承诺的关系中具有显著的调节作用，教师的互惠规范和义务感知在一定程度上受到教师主动性人格的影响，也证明了教师主动性人格特质差异对其变革承诺的内部调节作用，同时指出在高校变革中，应发挥高主动性人格教师对低主动性人格教师的同化效应，促进教师达成共同的变革承诺，激发教师的变革支持与参与。张光磊等（2021）探讨了主动性人格在包容型领导与员工主动变革行为作用关系中的调节作用，发现拥有高主动性人格的员工更容易受到包容型领导的影响，与领导建立高质量的上下级关系，获得更多资源，产生较高的工作投入，进而产生更多的工作变革行为。

2.4.4 主动性人格与员工变革支持行为关系研究述评

笔者通过文献梳理发现，目前已有大量学者对主动性人格与工作态度和行为的关系进行相关研究，已有研究证实了主动性人格能够作为前因变量积极影响员工工作的态度和行为，也有部分研究证实了主动性人格作为调节变量正向调节领导与员工工作态度和行为的关系。同时，已有部分学者将主动性人格引入组织变革领域进行研究，证实了拥有高主动性人格的员工具有更强的组织变革效能感，他们更容易在组织变革情境下不断试错和创新，更容易融入组织变革环境。主动性人格作为调节变量在变革型领导与员工变革支持行为关系中具有正向调节作用（曹晓丽等，2021）。综上所述，前期的相关研究成果均证实了主动性人格对员工工作态度和行为产生了积极作用，在领导行为与员工行为关系中也起到正向的调节作用。这些研究结果能够启示我们，在组织变革情境下，主动性人格可能成为领导行为与员工变革支持行为关系中的一个重要影响因素。因此，本书将主动性人格纳入研究模型，探讨主动性人格在悖论式领导行为与员工变革支持行为关系中可能产生的边界条件作用，进一步拓展了主动性人格在组织变革领域的相关研究。

2.5 资源保存理论

组织变革常常给员工带来压力和紧张情绪（Kim et al.，2011），资源保存理论（Hobfoll，1989）认为，感到压力的个体可以通过各种处理行为防御失调的心理状态（Hobfoll，2001），个体会努力获取、保留和培育有价值的资源。在组织变革的压力下，员工会使用现有资源去获取新资源以减少资源的净损失，同时，他们也会积极构建、投资、培育、储备资源以应对未来可能出现的资源损失情境，而拥有较多组织资源的领导常常成为组织成员获取资源的有效途径（Bono & Judge，2004）。此外，根据资源保存理论的初始资源效应原则，拥有较多初始资源的个体遭受资源损失的可能性更低，且获取新资源的能力更强。反之，拥有较少初始资源的个体则更容易遭受资源损失，且获取新资源的能力也相对更弱（Hobfoll，1989）。主动性人格被认为是个体拥有的初始资源（Anders & Bard，2011；Zhao et al.，2016），不同主动性人格个体因其初始资源不同，在与领导互动时获取资源的能力也不同，在面对同一情境时其行为、态度、反应也会出现差异性。基于以上观点，鉴于本书探讨悖论式领导行为对员工变革支持行为的双刃剑效应，故将资源保存理论作为搭建研究模型的理论基础。

2.5.1　资源保存理论的提出与演变

1989 年，Hobfoll 提出资源保存理论，旨在为压力源—压力感（Stressor-strain）关系提供一种新的理论解释机制。Hobfoll（1989）认为，作为物种的人类为了适应环境获得生存和发展，个体具有努力获取、保持、保护和培育其所珍视的资源的倾向。当个体面对压力时会形成资源损失，为了避免资源进一步损失，个体会规避相应的行为发生，同时个体会积极寻求资源补充防止资源的损失。个体也会积极构建和维护其当前的资源储备以应对未来可能出现的资源损失情境（Hobfoll，1989；Hobfoll et al.，2018）。由此可知，资源保存理论的所有观点都与资源的保存、保护和获取有关。压力发生时，个体可能采取两种不同的行为方式来应对以消除心理紧张感：立即终止资源消耗以保存现有资源（Resource Conversation）或投入一定的资源（Resource Investment）以获得有价值的资源回报，抵消已发生的损失（Hobfoll，1989；Hobfoll et al.，1990）。压力启动后，如果个体无法有效阻断资源损耗，也没有机会得到及时补偿，资源流失会加速进行，形成损失螺旋（Loss Spiral），压力感增强。此外，Hobfoll（1989）认为个体受资源保存的驱动，即使在没有压力的情境下也会通过资源投资增加资源储备，以应对未来可能发生的资源损失。

2001 年，Hobfoll 对资源保存理论进行修订，进一步指出资源获得在压力应对中的意义，认为个体必须通过资源投资机制获得资源增长和积累，增强抵抗压力并快速从压力中修复的能力。他进而提出了与"资源损失螺旋"相对的一个概念——"资源获得螺旋"（Gain Spiral），即当个体资源丰富时，他有更多的机会通过资源投入获得新的资源，增加资源存量，并孕育更多的后续资源增长，形成螺旋增长态势（Hobfoll，2001）。Hobfoll（2001）指出，压力的成功应对是个体获得资源增量的重要途径，在非压力情境中积极进行资源投资增加资源储备也能有效预防与成功应对压力，从而赋予压力情境积极意义。至此，资源保存理论形成了包含"资源损失螺旋"和"资源获得螺旋"的核心观点，成为一个既能解释消极结果也能解释积极结果的压力应对理论，呈现了个体应对压力反应的双路径循环进阶过程。

之后，Hobfoll 于 2011 年提出了资源阵列（Resource Caravans）和资源阵列通道（Resource Caravan Passageways），认为个体资源不是单个存在的，而是以集合形式存在的，多种资源彼此管理，形成一个共生阵列。Hobfoll（2011）基于情境导向将资源阵列通道定义为支持、孕育、丰富、保护资源，或减损、破坏、阻断、枯竭资源的外部环境，认为资源增长或减少取决于外部环境条件。

2.5.2　资源保存理论的基本观点

结合早期提出的资源保存理论观点，Hobfoll 等（2018）对资源保存理论体系进行修订和整合，新增了两条原则——获得悖论原则（Gain Paradox Principle）与绝望原则（Desperation Principle），最终形成了以"1 个基本原理（Baisic Tenet）+5 项原则（Principles）+3 个推论（Corllaries）"的形式呈现资源保存理论的核心观点体系。

资源保存理论认为，人类出于适应环境、维持生存的基本需要，具有努力获取、保持、培育和保护其所珍视的资源的倾向（Hobfoll，1989），这是资源保存理论的基本原理，被用来解释人类心理和行为演变的核心之一。资源保存理论的 5 项基本原则包括损失优先原则、资源投资原则、获得悖论原则、资源绝境原则、资源阵列原则。资源保存理论的三个推论分别是：①资源获取螺旋，即资源可以创造更多的资源，资源丰富的个体创造资源的速度更快，呈增值螺旋获取效应。②资源损失螺旋，即最初的资源损失会引发资源的进一步损失，资源匮乏的个体损失的速度更快，呈丧失螺旋损失效应。③初始资源效应，即拥有较多初始资源的个体遭受资源损失的可能性更低，获取新资源的能力更强；反之，拥有较少初始资源的个体更容易遭受资源损失，获取新资源的能力更弱。

资源保存理论经过 30 多年的发展和演变，逐步由一个压力—反应模型发展成为以个体资源存量及其动态变化解释个体行为动因，整合了压力产生及其动态变化机制、个体压力应对行为及结果产生机制、个体压力应对策略与能力发展机制等的观点体系，对理解个体压力应对和行为动因具有启发意义。

2.5.3　资源保存理论在组织行为学领域的应用

组织行为学研究关注的核心结果变量是感知态度、行为与绩效。早期将资源保存理论应用到工作倦怠（Shirom，2003）、工作家庭冲突等压力与资源损失（Demerouti et al.，2004）的研究聚焦于资源损失机制、工作压力的产生过程，将限制资源损耗、及时进行资源补充视作压力预防与应对的关键（Westman et al.，2004），为将资源保存理论用于解释员工工作态度和行为驱动机制提供了实证检验。之后，伴随着组织行为学的发展以及资源保存理论的修订和完善，该理论被应用到更多的议题，成为组织和个体行为、态度和绩效的核心理论解释机制。

Hobfoll（1989）提出资源保存理论时，提出了资源损失和资源增益两个视角解释个体应对压力情境的策略。近年来，资源保存理论在组织行为学中的应用主要聚焦于这两个方面，其中，从资源损失视角研究了员工消极心理与行为，如情绪耗竭（Cote，2005）、离职倾向（Burkhardt，1994）、人际伤害（宁静，2013）等；从资源增益视角研究了员工积极心理和行为，如工作投入（张莉等，2012）、组织承诺（Coetsee，1999）、工作绩效（Buchanan，1974）、创新行为（Kiazad et al.，2014）、组织公民行为（薛敏航，2013）等。综上所述，资源保存理论对组织情境中个体心理与行为的适应、调节与发展现象具有较为广泛且强大的解释力。

2.6　本章小结

笔者通过文献梳理发现，第一，现有研究证实了领导因素是影响员工变革支持行为产生的关键因素之一，也有不少学者探讨了不同类型的领导行为对员工变革支持行为的影响作用机制，但已有研究主要聚焦于"非此即彼"的单一领导行为对员工变革支持行为的积极影响作用。随着环境日益复杂动态化，组织变革管理中的矛盾悖论问题逐渐常态化，传统"非此即彼"的领导行为难以应对组织中的矛盾悖论问题，而具有双重特征的悖论式领导行为被认为最能有效应对组织复杂性的矛盾张力问题（Lavine，2014；Zhang et al.，2015；刘善堂、刘洪，2015）。但笔者通过文献梳理发现，关于悖论式领导行为与员工变革支持行为的关系目前还缺乏深入研究。悖论式领导行为本身具有矛盾双重性特征，若组织采取悖论式领导行为推动组织变革活动实施，那么悖论式领导行为对员工变革支持行为的影响作用机制是怎样的？其影响关系的边界条件是什么？未来对这些问题的探讨还需进一步深入。

第二，现有研究主要从认知机制、情感机制、动因机制等单一视角探讨领导如何影响员工变革支持行为的产生。但相关研究发现，员工是否支持变革不仅需要获得相应的心理情感支持来应对组织变革压力（王雁飞等，2021），同时还取决于员工对组织变革的理性评估以及对相应工作要求的感知（宁静，2013）。以往只从单一视角探讨领导影响员工变革支持行为产生的研究结果可能欠缺全面性，未来的研究可同时从情感和认知双路径探讨领导与员工变革支持行为的关系，可能更能准确揭示领导因素与员工变革支持行为的关系机理。

第三，已有少部分学者对悖论式领导行为与员工变革支持行为的关系进行相关研究，但大多聚焦于悖论式领导对员工行为的积极作用。随着研究的深入，也有学者指出，在特定条件下，悖论式领导行为对员工行为绩效具有消极作用。前期学者研究结论的不一致性引发我们的思考，即悖论式领导行为是否对员工行为同时存在积极和消极的影响作用？若存在，其影响作用的边界条件是什么？未来可进一步从悖论式领导两面性出发，同时探讨悖论式领导对员工行为的两面性作用机制。

第四，现有研究大多基于认知层面探讨悖论式领导行为与员工变革支持行为关系的边界条件，缺乏对员工本身具有的个体特质差异会形成不同的影响作用的探讨。但具有不同个体特质的员工在同一种情境下会被激活不同的认知和情感模式，从而导致不同人格特质个体对同一情境的知觉、解释和反应不同，也就会产生不同的行为反应（Mischel & Shoda，1995）。现有研究结论表明，针对不同的个体，悖论式领导行为所起到的积极或消极影响作用是不同的（Shao et al.，2019）。那么，悖论式领导行为对哪些员工具有积极影响或消极影响？未来还需进一步探讨个体差异性在悖论式领导行为和员工变革支持行为关系中的边界作用。

第3章 悖论式领导在组织变革过程中角色与作用的案例剖析

3.1 案例研究设计

如前文所述，组织变革已成为企业发展的常态，但组织变革并非轻而易举的事，组织变革成功率低已是实践界和理论界的共识。当前，企业生存环境日益复杂多变，企业组织变革过程中面临各种矛盾，例如变革与稳定、短期利益与长远发展、竞争与合作、集权与分权、效率与柔性等这些看似冲突实质上却相互依赖的悖论问题，领导如何有效应对这些矛盾和张力从而顺利开展组织变革活动成为当前企业关注的议题。已有研究表明，领导采用看似竞争、矛盾实则相关联的悖论式领导行为能较好应对组织的矛盾冲突，能有效管理组织复杂的悖论式问题（刘善堂、刘洪，2015；Zhang et al.，2015）。但相关研究对悖论式领导行为在组织变革过程中的有效性和作用机制，以及在组织变革过程中悖论式领导的角色与作用仍缺乏有针对性的解释。已有相关研究证实了悖论式领导行为对员工变革支持行为产生积极的促进作用（孙柯意、张博坚，2019），但也有学者研究发现，在特定条件下，悖论式领导行为对员工行为绩效产生消极的影响作用（Shao et al.，2019）。悖论式领导行为本身具有矛盾两面性特征，其在组织变革过程中是否对员工变革支持行为产生双面性影响？主动性人格是员工具有的人格特质，已有研究证实，主动性人格在变革型领导与员工变革支持行为关系中起到正向调节作用（曹晓丽等，2021），主动性人格对员工工作态度和行为产生积极的作用（Li et al.，2017），那么在组织变革过程中，员工主动性人格是否成为悖论式领导行为与员工变革支持行为关系中的一个重要影响因素？这些问题都需要深入组织变革实践中进行观察和分析，总结和归纳其规律，探索它们之间的相互关系。

为了探讨这些问题，本章将华为作为典型案例进行研究，以华为 IPD 变革项目作为研究对象，通过调查访谈、期刊文献和著作、官网访谈视频和文字信息、企业内部文件等途径获取一手和二手数据资料进行单案例研究，剖析悖论式领导行为在组织变革过程中的有效性和作用机制。本章案例研究的主要目的在于：其一，通过典型性案例研究，剖析悖论式领导在推动组织变革过程中的角色和作用，阐释将悖论式领导引入组织变革过程讨论的必要性。其二，初步探索悖论式领导行为在组织变革过程中对员工态度和行为的影响作用，提炼悖论式领导行为在这一影响过程中的有效性和作用机制，为下文的实证研究模型构建提供思路和实践基础。

3.1.1　研究方法与案例选择

3.1.1.1　研究方法

单案例研究方法的优势是能够从"过程"视角观察和总结某些现象、规律并提炼为抽象的理论，适合探讨某个实践主体在这个发展和变化过程中的"How"和"Why"的问题（Yin，2014）。组织变革是一个长期的复杂过程，展现变革过程中领导的角色与作用以及员工的态度和行为反应需要深入具体研究情境。本章旨在探索悖论式领导在组织变革过程中的有效性和作用机制，采用单案例研究方法更有利于解释这一"过程"的现象和本质规律，因此，本章研究采用单案例研究法。

扎根理论是一种自下而上的质性研究方法，通过深入剖析事物现象寻找本质，提取核心范畴并建立范畴之间的关系，从而修正已有理论或构建新理论，理论的产生扎根于现实的实践，有助于产生更贴近现实且稳健的理论（贾旭东、谭新辉，2010）。鉴于目前有关悖论式领导行为在组织变革过程中的有效性及作用机制的研究匮乏，且组织变革是一个长期的过程，组织变革过程中的领导行为与员工态度和行为反应需要深入观察和分析，考虑领导表现出悖论式领导行为和员工态度行为反应均具有动态性、复杂性和情境依赖性，需要对资料进行归纳和不断往复比较来识别相应的概念和范畴（贾旭东、谭新辉，2010），因此，本章最终选择使用程序化扎根理论进行单案例研究。

3.1.1.2　案例选择

在案例选择上，遵循单案例研究抽样的典型性和可得性原则（Yin，2014），本章选择华为公司的 IPD 变革项目作为案例研究对象。首先，在案例典型性方面：其一，华为创始人任正非的灰度管理理论的领导理念在一定程度上反映出悖论式领导行为所具有的辩证整合性特点（陈海英，2017）。灰度管理理论作为华为企业文化精髓，任正非要求所有管理层人员都要有灰度管理意识和思想，因此，灰度管理思想在华为管理者具体实践中得到有效运用（张璐，2022）。其二，作为高新技术产业，能快速响应外部环境变化而进行组织变革是华为得以快速成长的关键，华为 IPD 变革是华为最早实施的变革项目，IPD 变革成功后形成了华为的变革模式，之后华为的其他项目变革基本按照 IPD 变革模式来进行（吴晓波，2017），IPD 变革具有典型性和代表性。其三，调研中发现，华为组织变革过程中员工感知到的领导行为具有矛盾整合的悖论式领导行为特征，在领导变革管理策略和领导行为的影响下，员工表现出对变革的积极态度和行为反应，但同时也有部分员工表现出消极的态度和行为反应，即员工态度和行为反应具有两面性特征。其次，在数据可得性方面，本书研究者与华为的部分在职员工和部分离职员工有密切关系，不仅可以比较方便地对华为管理者和员工进行访谈调研从而获取第一手资料，还可以适当获取相应的组织内部资料。此外，国内外研究者对华为进行了广泛、丰富、深入的研究，华为高层领导及华为的管理顾问曾多次针对华为管理进行公开演讲，这些都为本研究提供了丰富的二手数据资料。

3.1.2 数据收集

根据 Yin（2014）关于案例研究方法的建议，本章案例研究通过多种来源收集数据以便数据之间相互印证，保证数据的真实性和准确性，通过多路径收集资料，提高研究信度和效度，并利用不同来源的资料进行三角互证，确保资料的一致性。本章案例研究的数据来源主要包括一手数据和二手数据。其中，一手数据主要是通过对访谈对象进行半结构化访谈记录，在编码中将访谈数据资料编号定为 F；二手数据按照来源渠道分为外部资料和内部资料，外部资料编码代号为 W，内部资料编码代号为 D。

3.1.2.1 一手数据收集

一手数据主要采用半结构化访谈方式获得，访谈对象为华为公司的管理层领导和员工，具体包括 1 名高层领导、3 名中层领导、5 名在职基层员工、2 名退休人员和 5 名已离职员工共计 16 名人员，这些受访对象均为经历了华为 IPD 项目变革的员工，相关人员对应编号如表 3-1 所示。根据研究问题及访谈对象设计访谈提纲，主要包括组织变革过程中员工对领导管理策略和领导行为方式感知、领导与员工的沟通方式和工作安排、员工心理变化和行为反应等方面。在访谈前，告知受访者本次访谈仅作学术研究使用，不会泄露隐私，不会影响受访者工作绩效及其人际关系。为了避免受访者出现先入为主的误区，访谈时不涉及"悖论式领导"与"员工变革支持行为"的关键内涵和特征，而是让受访者主动描述组织变革过程中对领导工作处理方面印象深刻的事件，以及受访者对领导行为的感知和自身心理、行为反应。在征得受访者意见的前提下，采用的访谈方式有面对面访谈、网络视频访谈和电话访谈等。为保证数据有效性，访谈均以一对一访谈为主，以避免人际因素的干扰，每次访谈都进行详细记录。访谈后及时将访谈记录整理成文稿，针对不完善或模糊的信息及时与访谈对象进行检验和补充，以保证数据的准确性。本章研究总共访谈时长为 505 分钟，积累了一手访谈资料约 15 万字，访谈基本情况如表 3-1 所示。

表 3-1　访谈基本情况

访谈时间	访谈对象（编号）	访谈方式	访谈时长（分钟）	文稿（万字）
2022 年 3 月	高层领导 1 人（F1）	电话访谈	40	1.1
2022 年 3 月	中层领导 1 人（F2）	视频访谈	45	1.2
2022 年 3 月	中层领导 2 人（F3，F4）	电话访谈	60	1.8
2022 年 4 月	在职员工 2 名（F5，F6）	视频访谈	70	2.1
2022 年 4 月	在职员工 3 名（F7，F8，F9）	电话访谈	80	2.5
2022 年 4 月	退休人员 2 名（F10，F11）	视频访谈	70	2.3
2022 年 4 月	离职员工 3 名（F12，F13，F14）	面对面访谈	80	2.2
2022 年 4 月	离职员工 2 名（F15，F16）	视频访谈	60	1.8

资料来源：笔者自行整理。

3.1.2.2　二手数据收集

本章研究收集二手数据总计 156 份，主要包括内部资料和外部资料，在编码过程中将内部资料编号为 D，外部资料编号为 W，具体如下：内部资料包括企业内部的宣传资料（D1）、公司年报（D2）、领导内部讲话（D3）、会议资料（D4）、华为心声社区（D5）、宣传视频（D6）等；外部资料包括华为官网信息（W1）、媒体采访视频（W2）、媒体采访记录（W3）、期刊文献和著作（W4）等。

3.1.3　数据分析

本章对收集到的数据进行汇总和归类，运用程序化扎根理论的编码方式对资料进行处理和分析。程序化扎根理论分析法的关键在于对原始资料进行编码，包括开放性编码、主轴编码和选择性编码（Strauss & Corbin，1998）。为了保证编码的规范性和客观性，编码过程中由管理学专家和研究生共 3 人组成编码小组，采用"背靠背"的独立编码方式，对访谈资料和二手数据进行逐行编码，在这过程中不断进行往复比较，对有差异的编码结果进行讨论以删除或统一。先从资料中随机抽取 2/3 的原始资料进行编码和分析，剩余的 1/3 的原始资料用于理论饱和度的检验。

具体编码过程如下：第一步，开放性编码。开放性编码就是采取开放性思维对原始资料逐行逐句进行分解、提炼，对有价值的信息逐句贴标签，从而将内容概念化、范畴化的过程，被标记的词语最好是动词，以捕捉事件中表示的动作（贾旭东、谭新辉，2010）。本研究按照"数据来源—语句内容"的形式对访谈记录及相应二手资料进行编码，将原始资料进行离散化，然后逐行逐句进行分析和归纳，形成"标签"；然后对前面形成的"标签"进行进一步分析、比较和归纳，形成概念；再对已形成概念的节点进行再次比较和归纳，形成范畴。在这过程中，将表述相近的语句进行合并，对表述矛盾的语句进行讨论予以统一或删除。第二步，主轴编码。主轴编码是将开放性编码所得出的概念和范畴进一步进行归类，提炼出更为抽象的主范畴和副范畴。第三步，选择性编码。选择性编码是在主轴编码基础上进一步处理范畴和范畴之间的联系，形成核心范畴，构建理论框架和理论模型，即将主轴编码中浮现的若干轴线与研究问题和现有理论进行比较，保留核心轴线并且按照一定逻辑结合形成理论故事线的过程（贾旭东、谭新辉，2010）。第四步，进行理论饱和度检验，将预留的 1/3 的资料作为检验资料，对预留资料进行分析和编码，没有出现新的概念和范畴，证明已达到理论饱和。

3.2　案例描述

华为公司是中国企业家任正非创办的本土企业，自 1987 年公司成立以来，至今已有 30 多年的成长历史。2020 年，华为全球销售额为 8914 亿元人民币，目前已成为 ICT 行业全球领先企业。自 1996 年起，华为高层用 3 年形成了《华为公司基本法》，明确了公司的发展目标，确定了公司的核心价值观，统一了公司内部思想认识。此后，华为坚持不懈地通过组织变革加强业务运作的效率和效力。华为的组织变革历程主要分为两个阶段：第一阶段从 1999 年开始，属于业务流程再造阶段的变革，先后启动了集成产品开发（IPD）变革、集成供应链（ISC）体系变革、客户关系管理（CRM）变革、财经体系（IFS）变革、研发管理变革等。在开展业务流程项目变革的同时，华为还对组织结构和人力资源体系进行相应变革从而助力业务流程变革后的新制度落地。第二阶段从 2016 年开始，属于数字化转型阶段的变革，主要包括数字化转型变革和人工智能化变革。由此，华为实现了业务标准化和信息化平台的协同，助力华为公司快速发展。华为成长的过程就是一部企业组织变革的历史（任正非，2010），华为过去 20 多年一直处于变革的状态，正因如此，华为一直保持着组织持续发展的活力，从一个只有几名员工的小公司成长为行业的全球领先大型跨国高科技企业（吴晓波，2017）。

华为 IPD 变革始于 1999 年，是华为最早实施的变革项目，IPD 变革成功后形成了华为的变革模式，之后华为的其他项目变革基本按照 IPD 变革模式来进行（吴晓波，2017）。华为的 IPD 组织变革过程实施具有典型性特征，本章以华为 IPD 变革过程为研究对象，按照 Lewin（1947）提出的领导实施变革过程的"解冻、行动、再冻结"三阶段模型框架，结合华为 IPD 组织变革过程实施的实际情况，将华为组织变革过程划分为"解冻"阶段、"行动"阶段和"再冻结"阶段，分析华为领导班子在这三阶段的变革过程中扮演的角色及实施的管理策略，剖析悖论式领导行为在组织变革过程中的有效性和作用机制。

3.2.1　华为 IPD 变革"解冻"阶段领导扮演的角色及其管理工作

在 IPD 变革"解冻"阶段，领导的变革管理工作主要包括三个方面：一是营造变革紧迫感；二是建立标准化的变革制度体系；三是描述变革愿景，制定变革执行实施方案。具体内容和信息如表 3-2 所示。

第一，营造变革紧迫感。华为公司主要是通过公司发文、管理者研讨、公司领导讲话等方式营造变革紧迫感，当时任正非及华为高管发表了很多相关的讲话和文章，例如《华为的冬天》《再论反骄破满，在思想上艰苦奋斗》等。这些文章能使人明确企业为什么要变革，营造变革紧迫感的组织氛围。同时，公司多次组织员工座谈和培训，通过各种会议和座谈宣讲变革的意义和紧迫感。1999年2月到2000年2月，变革指导委员会花费了很多时间和精力向员工宣传公司当时遇到的危机，并告诉他们IPD是解决这些困难的唯一方案。

第二，建立标准化的变革制度体系，成立变革指导委员会、变革项目管理办公室和变革项目组三个层级的变革机构。变革指导委员会主席由时任华为董事长孙亚芳担任，委员会成员由公司各一级部门的一把手出任。委员会发起变革并控制变革过程的推进，负责阶段性、关键性的重大决策，从战略层面确保变革朝着正确的方向演进（吴晓波，2017）。变革指导委员会的常设机构是变革项目管理办公室，第一任主任为郭平，也是后来的轮值CEO之一。变革项目管理办公室负责变革过程的具体事务，如准备变革会议的前期文档、变革项目过程的追踪、协调项目不同组织之间的沟通、监督变革的完成质量等，变革项目管理办公室的工作人员都是从业务线上抽调的专业干部。此外，华为的每个变革项目都由项目组负责执行，项目组内部通常包含一个核心组和一个外围组：核心组成员是来自华为各业务线的骨干员工，他们脱产、全职参与变革工作；外围组成员则在继续做好原岗位工作的同时，从实践中了解业务正在发生的变化。

第三，描述变革愿景，制定变革执行实施方案。变革要变成什么样？变革对公司的战略支持是什么样子的？领导在变革前会勾画出一幅明确又吸引人的未来蓝图，然后制定一套能够实现愿景的合理方案。

表 3-2　华为 IPD 变革"解冻"阶段领导扮演的角色及其管理工作

具体工作内容	变革管理工作	领导扮演的角色
公司发文、管理者研讨、公司领导讲话、组织员工座谈和培训	营造变革紧迫感	组织变革发起者
成立变革指导委员会、变革项目管理办公室和变革项目组三个层级的变革机构，委员会成员和项目组成员均为公司各部重要成员	建立标准化的变革制度体系	
华为公司领导变革前勾画出一幅明确又吸引人的未来蓝图，然后制定一套能够实现愿景的合理方案	描述愿景，制定变革实施方案	

资料来源：笔者根据资料整理。

3.2.2　华为 IPD 变革"行动"阶段领导扮演的角色及其管理工作

在 IPD 变革"行动"阶段，领导主要的工作内容包括传播变革构想、消除变革阻力和授权行动、通过试点和样板点建设创造短期效益。具体内容和信息如表 3-3 所示。

首先是传播变革构想。华为变革管理者主要通过宣传、培训和研讨进行变革宣传，各部门培训都是由部门一把手来讲解，这就要求部门一把手先要自己学会、搞懂，否则无法向下推动。在推动 IPD 变革的最初半年，共组织了 30 多期变革管理研讨会，先后有 500 多位中高层管理人员参加，事实证明，这些活动能较好地将变革思想和变革计划进行有效传播（吴晓波，2017）。

其次是消除变革阻力，授权行动。具体主要采取刚柔并济的手段消除阻力，识别利益关系人和可能的阻力并针对性解决，沟通宣传，帮助被变革的对象转变观念并适应变革。通过调换工作岗位的方式来改变那些对变革持消极态度的经理，让他们意识到变革的必要性，找到一些变革成功的人和案例来提高人们的自信心，并建立适当的奖励系统，鼓励人们保持乐观心理。例如，华为在 IPD 变革过程中，要消除的变革阻力包括对舒适区的习惯和对既得利益的固守。因此，要评估利益相关人员的准备度，通过一系列的问卷调查，从变革的意愿和变革的能力两个维度进行调查；然后对那些有变革能力和意愿的人进行赋能，对一些有能力而无意愿的人，牵引他们的紧迫感；对那些既无能力也无意愿的人，就让他们"靠边站"。华为就是这样采用刚柔并济的方法推动清除"关键障碍"，帮助适应和转身，消除变革阻力，带动多数人支持变革的。

最后是通过试点和样板点建设创造短期效益。例如，华为在 IPD 流程变革中，选择第一个试点 PDT 做成功，并将试点 PDT 的运作做成"玻璃房"供学习，接着开展第二个 PDT，再次获得成功；然后通过 30% 推行，让更多的项目从 IPD 中获得收益，最终再 100% 推行，覆盖所有的项目。华为正是这样通过试点成功逐步推行的方式来促进变革参与人员对变革成功产生足够的信心。

表 3-3　华为 IPD 变革"行动"阶段领导扮演的角色及其管理工作

具体工作内容示例	变革管理工作	领导扮演的角色
通过宣传、培训和研讨进行变革宣传，公司领导进行顾问访谈和各个部门的培训	传播变革	组织变革执行者
沟通宣传、调换工作岗位、建立奖励系统、塑造变革成功典范、清除变革无意愿的人员	消除变革阻力，授权行动	
选择第一个试点 PDT 做成功获得短期效益，然后通过 30% 推行，最后再 100% 推行，全面获得长期效益	计划并创造短期效益	

资料来源：笔者根据资料整理。

3.2.3　华为 IPD 变革"再冻结"阶段领导扮演的角色及其管理工作

华为 IPD 变革"再冻结"阶段的主要工作包括整合变革试点并实施更多的变革、固化变革成果并形成新的管理制度、将变革成果制度化融入组织文化。具体内容和信息如表 3-4 所示。

首先，整合变革试点，实施并深化更多变革。华为 IPD 变革实施后，将 IPD 项目组转化为 IPD 部门，并转换为 IPD 的流程，对 IPD 流程和管理体系持续负责，而 IPD 项目组中的部分成员分流到各产品线运作支撑部担任主管，晋升或者转化为产品经理和部门经理，负责推动 IPD 的全面实施。同时，一年两次对 IPD 的推行进展进行评估，并分享业界成功经验，然后围绕着 IPD 的难点问题，要求重量级团队持续优化和不断提升。华为 IPD 流程变革自 1999 年开始，从 1.0 版本优化到 2.0，然后是 3.0，至今已经是 14.0，依然在不断完善当中，成为华为日常管理的一部分。

其次，固化变革成果，形成新的管理制度并创建与变革一致的领导继任计划，从变革中培养并选拔干部，例如华为的 IPD 项目组织成员被选拔为产品线主管，相关体系新员工入职要经过相关培训。

最后，将变革成果制度化融入组织文化，以新方案、新主题将变革深植于企业文化中。

表 3-4　华为 IPD 变革"再冻结"阶段领导扮演的角色及其管理工作

具体工作内容示例	变革管理工作	领导扮演的角色
华为 IPD 流程变革从 1.0 版本优化到 2.0，然后是 3.0，至今已经是 14.0，依然在不断完善当中，成为华为日常管理的一部分	整合变革试点，实施并深化更多变革	变革基因的奠定者
固化变革成果，形成新的管理制度并创建变革一致的领导继任计划，从变革中培养并选拔干部，形成企业新的管理制度	固化变革成果，形成新的管理制度	
以新方案、新主题的方式将变革深植于企业文化中	将变革成果制度化融入组织文化	

资料来源：笔者根据资料整理。

3.3　案例分析

3.3.1　组织变革过程中的悖论式领导及其角色与作用

3.3.1.1　组织变革过程中的悖论式领导

通过对华为组织变革过程进行分析，结合访谈资料和相关资料的编码如表 3-5 所示。根据已有研究，悖论式领导具有整体系统性思维和矛盾复杂性认知 (Smith & Lewis，2012)，悖论式领导能给员工起到表率的带头作用，在团队工作过程中能起到典型示范及激励和鼓舞团队成员的作用 (Grant et al.，2010)，本次研究针对华为相关人员的访谈记录也证实了这一点，如"领导起带头作用，领导走在前，员工跟上的积极性就高了"。华为领导班子在变革过程中充分发挥了带头作用，树立榜样，从而提高变革在组织中被接受的程度，充分体现了领导在团队中率先垂范的悖论式领导思维和行为特征。

表3-5 华为组织变革过程中的悖论式领导

案例资料	概念	范畴	核心范畴
W4：华为发展最好的时候他仍将其称为"华为的冬天"，在华为遇到危机时，仍称这是华为最好的状态	矛盾辩证思维	矛盾复杂认知	悖论式领导
W4：变革委员会成员均为各个部门的领导，有利于全体成员统一变革思想	统一全员思想	整体系统性思维	
W4：华为发起组织变革不是领导一个人"拍脑袋"形成的，而是在与外部专家和内部员工不断讨论和交流后达成的共识	综合各方意见制定决策		
W4：在变革初期，很多员工难以接受，尤其是有些举措可能会损害员工既得利益时，领导主动充当"第一个吃螃蟹"的人，能产生"上行下效"的效果	变革中领导起模范表率作用	率先垂范	
W2：不要被动"被变革"，要主动发现机会，识别外部复杂环境中清晰变革目标	平衡混沌与清晰	矛盾悖论整合性行为	
W2：既有变革的愿景蓝图，也有可行的实施方案。变革中领导既要造势也要做实	平衡造势与做实		
D3：变革的方向和原则是不可以妥协的，但是实现变革目标过程中的一切都可以妥协	平衡控制和灵活		
W4：变革要循序渐进，不主张较大幅度的变革	平衡变革与稳定		
W3：重要的决策和人事安排都由变革指导委员会领导班子决定，但细节上适度放权，有利于更好为客户服务	平衡集权与分权		
W4：在持续变革和坚持战略一致性之间不断地寻求平衡，坚持持续变革与战略一致性的关系	平衡变化与固化		
F10：领导一般都是和我们进行探讨后做决策，并不是领导一个人"拍脑袋"做决策	以自己为中心，同时以他人为中心	员工感知到的矛盾悖论整合领导行为	悖论式领导行为
F5：上班时间领导比较严肃，但是下班后会跟员工打成一片	与员工既亲密又保持距离		
F6：工作安排上领导不给面子，但生活中跟我们就像朋友关系			
F7：在工作安排上一直公平，但是也会考虑每个员工的能力特点	既同等对待又允许个性化		
F8：领导经常鼓励我们提出自己的看法和观点			
F9：领导常说一切以客户为中心，其他的可自主决策	既维持决策控制又允许自主性		
F8：要保证大的方向不变，执行过程中领导都放手让我大胆干			
F6：只要保证工作任务完成，执行过程中可以灵活处理	既严格执行工作又保持灵活性		

注：表中符号为案例资料编号。

资料来源：笔者自行整理。

悖论式领导行为具有矛盾悖论整合协同的行为特性，在领导过程中采取一系列看似竞争却又相互联系，能同时满足矛盾竞争两面性存在需求的领导行为（Zhang et al.，2015）。华为领导班子在推动组织变革过程中，采取了一系列看似矛盾却又相互联系的悖论整合行为，例如，在 IPD 变革"解冻"的准备阶段，要求变革管理者要有在混沌中发现清晰方向的能力，通过整合混沌与清晰的矛盾关系发起变革。在构建变革愿景蓝图时，也要有可行的变革实施方案，在造势的同时也要做实。在 IPD 变革"行动"实施阶段，平衡控制与灵活、变革与稳定、集体与个体、集权与分权的矛盾关系。华为变革领导主张循序渐进式的变革，反对变革太激进的做法，反对太苛刻的消除变革阻力的方法。在消除变革阻力过程中，通过包容妥协方式处理个人与集体的关系，帮助变革成员消除消极心理，逐步转变观念并适应变革，既利用权威清除"关键障碍"，同时又对变革支持者进行赋能，鼓励和提高变革者的变革信心。在 IPD 变革的"再冻结"阶段，正确处理点与面的关系、变化与固化的关系、持续变革与坚持战略一致性的关系。基于以上分析，笔者发现华为领导班子在 IPD 组织变革过程中通过整体系统性思维和矛盾复杂性认知发起变革，发挥率先垂范带头作用引领变革，在变革过程中采取矛盾悖论整合策略，是组织变革过程中悖论式领导行为的体现。

Zhang 等（2015）从领导与员工关系视角的监督层面对悖论式领导行为进行概念界定，认为悖论式领导行为包含五个维度的特征：对待员工既一视同仁又允许个性化、以自己为中心的同时以员工为中心、与员工亲密又保持距离、工作严格要求又允许灵活性、保持决策控制又允许自主权。本章围绕组织变革过程中对领导行为的感知相关话题对员工进行访谈，访谈数据编码如表 3-5 所示。从受访资料编码结果来看，在华为组织变革过程中，员工感知到的领导行为具有悖论式领导行为特征，如受访者所述"F9：领导常说一切以客户为中心，其他的可自主决策"。任正非多次在公开受访或演讲时表示，华为决策变革就是要让听到炮声的人呼唤炮火，意思就是给前线战士充分授权，让他们真正有决策权。但是华为的授权不是完全不管，而是在一切以客户为中心的基本准则之下的授权，表现出了既保持决策控制又允许自主权。另外，在工作安排上讲究公平，但是也考虑员工个体优势和特点进行个性化支持，体现了既公平对待又允许个性化，如访谈中的受访者所述"F5：上班时间领导比较严肃，但是下班后会跟员工打成一片；

F6：工作安排上领导不给面子，但生活中跟我们就像朋友关系"。在组织变革发起阶段，华为领导班子充分听取员工意见和客户意见后做出决策，而并非领导自己拍脑袋做的决策，体现了领导不仅以自己为中心，同时也以他人为中心；在工作安排上不讲感情，但在生活上与员工打成一片，体现了领导与员工既亲密又保持距离。因此，根据案例访谈记录编码结果中员工感知到的领导行为特征符合Zhang 等（2015）对悖论式领导行为界定概念中所包含的五个维度行为特征，具体如表 3-5 所示。因此，华为在组织变革过程中的领导行为表象属于悖论式领导行为。

3.3.1.2　组织变革过程中悖论式领导的角色和作用

根据上述华为公司 IPD 组织变革过程三阶段分析，结合领导参与和支持组织变革过程中的管理策略和领导行为感知的访谈记录和相关资料进行编码整理，如表 3-6 所示，可以看到华为领导在组织变革过程中扮演着关键的角色。华为组织变革过程中领导的角色和作用表现在以下几个方面：

第一，统一全员思想，发起变革。领导做出的方向性决策是通过与一线员工不断交流和反馈，发现存在的不足和潜在的目标机会，从而发起变革。领导为组织变革选择正确的方向和目标，在不断变革中保持战略的一致性；通过宣传和培训，统一全员思想意识，建立变革指导委员会，统一领导组织变革，集中全部注意力到变革项目中来。例如，受访人员中一位退休人员所述"F11：为了让大家尽快意识到变革的必要性，当时领导班子在大会、小会轮番宣讲，目的就是说服大家转变观念，当时的确形成了浓厚的变革氛围。W4：企业越大，组织转型创新的阻力越大，这时，企业面临的最大、最头痛的问题，就是全体成员思想的统一和人心的凝聚，华为在这方面做得很好，《华为基本法》的确立更是促进了全员思想一致"。

第二，全面参与和推动组织变革，确保组织向正确的方向发展，推动组织变革的顺利实施，对变革全面负责。在 IPD 变革过程中，华为通过建立制度化体系确保高管团队全面参与和支持组织变革过程，变革中领导将组织变革循序渐进推进，既利用权威清除关键障碍，同时对变革支持者进行赋能。例如，访谈对象中一位退休人员表述"F10：公司领导班子花了好大力气消除变革阻力，比如，通过调换工作岗位方式改变那些消极的经理，找到一些成功样板来提高人们的自信心，可以说软的、硬的办法都用上了"。

第三，巩固变革成果，形成变革文化。将组织变革基因植入企业文化，不断寻求持续变革与坚持战略方向一致的平衡。在 IPD 变革成功后，变革团队领导将变革成果固化为新的制度体系，再将新的制度体系融入组织文化中，推动下一轮新的组织变革。华为的灰度管理哲学是在持续变革和坚持战略方向一致之间不断寻求平衡，而华为的变革领导始终在变与不变的协同中发挥着关键作用，华为 IPD 组织变革中领导是变革的发起者、执行者，同时也是变革基因的奠定者（吴晓波，2017）。

表 3-6　华为组织变革过程中领导班子的角色与作用

案例资料	范畴	核心范畴
F10：那段时间变革指导委员会花费了很多时间和精力向员工宣传公司当时遇到的危机，并且告诉我们变革是解决这些困难的唯一方案	统一全员思想，发起变革	悖论式领导的角色和作用
F11：为了让大家尽快意识到变革的必要性，当时领导班子在大会、小会轮番宣讲，目的就是说服大家转变观念，当时的确形成了浓厚的变革氛围		
W4：领导是变革的发起者，但企业越大，组织转型创新的阻力越大，这时，企业面临的最大、最头痛的问题，就是全体成员思想的统一和人心的凝聚，华为在这方面做得很好，《华为基本法》的确立更是促进了全员思想一致		
W2：变革涉及的一些重要的决策，比如，人事安排、重大投资等都由变革指导委员会领导班子决定，这样可以保证战略方向一致性	全面参与和推动变革实施	
F10：公司领导班子花了好大力气消除变革阻力，比如，通过调换工作岗位方式改变那些消极的经理，找到一些成功样板来提高人们的自信心，可以说软的、硬的办法都用上了		
F8：我们相信领导的决策，高层领导做好表率，我们都对变革充满信心。当时感觉领导都挺有气魄，总是能够做出正确选择		
W4：领导班子通过纵向和横向的沟通交流，调配变革相关各组织的资源和力量，形成了变革的整体性协同合作		
F10：变革试点成功后，领导班子将试点做成样板，带领全体员工参观并分享变革成功的喜悦和经验，大家都很兴奋	巩固变革成果，形成变革文化	
W4：将变革落地嵌入配套的 IT 流程系统，变革带来的每一项新制度、新的组织惯例都会落实到专门的 IT 系统上		
W3：领导告诉我们，变革成功不是终点，我们充分吸收经验，准备下一轮的变革，大家要时刻有危机意识，时刻做好迎接变革的准备		

注：表中符号为案例资料编号。

资料来源：笔者自行整理。

基于以上分析，笔者发现华为 IPD 组织变革过程中，变革团队领导统一全员思想发起变革，全面参与和推动变革实施，巩固变革成果形成变革文化，是组织变革的发起者、执行者和变革基因的奠定者，扮演了战略性企业家的角色，起到统领全局的作用。

3.3.2 悖论式领导行为对员工变革支持行为的影响

3.3.2.1 员工积极的态度和行为反应

组织变革实施过程中员工积极参与和支持组织变革并做出积极贡献是领导实施计划性组织变革活动的重要工作内容，也是确保组织变革成功的重要因素（Kim et al.，2011）。组织变革可能意味着利益的重新分配或者岗位的调整等不确定性，变革结果可能给企业和员工带来更好的发展前景和利益，但也可能会造成个人发展和利益上的冲突（宁静，2013）。组织变革的不确定性会给员工带来压力，领导作为组织变革过程的关键因素，在变革过程中领导行为对员工态度和行为反应产生重要的影响作用（王雁飞等，2021）。本章对案例资料进行分析，同时就组织变革过程中员工对领导行为方式感知以及员工心理和行为反应等话题对员工进行访谈，原始访谈材料及编码如表3-7所示，展现了华为员工在变革过程中产生积极的态度和行为反应。华为组织变革过程中员工积极态度和行为反应主要表现在以下方面：

第一，领导做好了表率作用，起到率先垂范的模范带头作用，增加员工的变革效能感，员工愿意跟着领导的步伐，对变革建言献策，支持组织变革。例如，访谈中有员工表示"F8：在这次变革中，领导带头作用对我影响较大，使我相信变革会越来越好，相信领导的决策是正确的。F9：领导做好带头，提高了我们对变革的预期，相信变革能为公司和员工带来更好福利和发展"。

第二，领导做好了变革的沟通和宣传，消除了组织成员对变革的疑虑，提高员工变革预期，从而员工对组织变革持肯定态度。例如，访谈中受访员工所述"F6：变革之前领导充分宣传和解释，使我们相信变革是符合时代要求的，不可能老是停留在过去那种老式业务流程"。

第三，包容性和支持性的组织环境，促进员工的组织归属感和组织承诺，激发员工产生积极的态度和行为,员工认同和认可组织变革。员工服从岗位调动和工作安排,全身心投入变革活动中。

表 3-7　员工在组织变革过程中产生积极的态度和行为反应

原始访谈资料	范畴	核心范畴
F8:在这次变革中,领导带头作用对我影响较大,使我相信变革会越来越好,相信领导的决策是正确的	变革效能感	对变革有积极的态度和行为反应
F3:大部分员工相信变革成功,支持我们的变革决策		
F8:变革试点的成功让我们感受到新的业务流程省时省力,相信变革越来越好		
F1:多数成员积极支持变革,工作安排都积极配合,没有一点怨言	变革支持行为	
F2:开会的时候员工积极发言,建言献策,变革积极性很高		
F10:员工可以畅所欲言,能感受到被尊重,有较强的组织归属感	组织承诺	
F9:有困难时同事和领导都积极相助,组织氛围很好,愿意支持变革		
F9:领导做好带头,提高了我们对变革的预期,相信变革能为公司和员工带来更好福利和发展	变革预期	
F6:变革之前领导充分宣传和解释,使我们相信变革是符合时代要求的,不可能老是停留在过去那种老式业务流程		

注:表中符号为受访对象编号。

资料来源:笔者自行整理。

3.3.2.2　员工消极的态度和行为反应

在围绕组织变革过程中员工对领导管理策略和领导行为感知,以及员工态度行为反应等相关话题对员工进行访谈后,笔者发现有部分员工表现出对变革消极的态度和行为反应,访谈原始资料及编码如表 3-8 所示。这部分员工的消极态度和行为反应主要表现在以下方面:

第一,领导采取控制与灵活的管理策略,部分员工无法很好地在公司战略一致情况下进行自主决策,在没有具体的工作安排和工作指导的情况下会感到角色模糊。例如一位受访对象所述"F12:在正好面临某个项目变革的时候,加班频率就更高了,领导会上说得最多的是,一切以客户为中心,这个方向不变,细节上大家灵活处理,大胆放手去干。但细节有时也会让人产生摸不着方向的那种压力感"。

第二，工作变动频繁，导致员工角色模糊和角色冲突。华为主张"干中学，学中干"的包容性文化，坚持战略方向一致但细节上允许员工灵活处理，对员工适当放权，在控制与灵活、集权与分权之间不断平衡。这导致对于某些特定员工来说，在一定时期内会感到角色冲突和角色模糊，即不知道自己的角色期待是什么。例如，一位受访员工表示"F14：原来我是做技术的，现在被派到海外做销售，这跨度太大了，用领导的话说是放手让我去干出另一番事业，但短期内我可能还是需要有个适应期"。

第三，领导的一些矛盾整合策略对员工产生角色冲突的压力。例如，一位受访者表述"F15：领导要求既要自主研发，同时要加大对外开放学习，这种矛盾性的工作要求对于我来说就感觉挺有压力的"。

第四，工作变化频繁、新知识和新能力要求和繁忙的日常工作的冲突，造成员工角色超载和角色冲突。例如，一位受访员工表示"F13：工作变动频繁，不学习很快会被淘汰，华为那么忙，哪有时间学习，经常感觉压力很大"。

表3-8　员工在组织变革过程中产生消极的态度和行为反应

原始访谈资料	范畴	核心范畴
F12：在正好面临某个项目变革的时候，加班频率就更高了，领导会上说得最多的是，一切以客户为中心，这个方向不变，细节上大家灵活处理，大胆放手去干。但细节有时也会让人产生摸不着方向的那种压力感	角色模糊	消极的态度和行为反应
F14：原来我是做技术的，现在被派到海外做销售，这跨度太大了，用领导的话说是放手让我去干出另一番事业，但短期内我可能还是需要有个适应期		
F12：我主要的矛盾在于，我有学习的能力，却一直没有足够的时间熟悉业务，就被赶鸭子上架做事，我几乎所有时间都用在工作上，短时间看不到解决现在困境的希望	角色冲突	
F13：工作变动频繁，不学习很快会被淘汰，华为那么忙，哪有时间学习，经常感觉压力很大		
F15：领导要求既要自主研发，同时要加大对外开放学习，这种矛盾性的工作要求对于我来说就感觉挺有压力的		
F14：公司变革时期领导要求进一步提高效率，对于程序员来说，以高质量要求自己其实是件好事，但也意味着更大的压力，虽然公司提升了加班补助，但是我仍然感觉力不从心	角色超载	

注：表中符号为受访对象编号。

资料来源：笔者自行整理。

3.3.2.3　员工主动性人格

笔者对案例资料分析发现，华为员工工作主动性高，主动性是华为公司识人用人的第一考核要素（冉涛，2019）。本章对相关资料和访谈原始资料进行编码，如表 3-9 所示，发现华为员工在组织变革中表现出有预见性、及时准确性、团结协作、主动探索等工作主动性，在面对工作压力时能主动寻找相关的解决办法，在工作中表现出较高的主动性和适应性，主动性人格水平较高。

表 3-9　华为员工主动性人格特征

原始访谈资料	概念	范畴	核心范畴
F10：对于重要的工作，我一般都会提前做好规划和安排	有预见性	工作主动性	主动性人格
F2：会超前预测市场前景，然后再做相关的工作决策			
F3：不喜欢拖拉，一般领导安排的工作，我都会按时按量、保质保量完成	及时准确		
F5：对工作变动一开始可能会有个适应期，但我会及时调整状态，慢慢就好了			
F2：部门之间和同事之间都非常团结互助，工作上需要帮忙的都相互帮助	团结协作		
F1：各部门之间协调比较好，基本没有相互推脱责任现象			
F4：做技术的坚持创新，就是要不断探索，我觉得这样挺好	主动探索		
F15：在华为工作压力大，但是我总在寻找最好的方式调整自己的状态	主动寻找解决办法	主动适应和改变	
F13：工作频繁变动会带来压力，一般每次工作变化时，我会提前去了解和熟悉新的工作环境，做好相关的准备			

注：表中符号为受访对象编号。

资料来源：笔者自行整理。

3.4　案例发现

3.4.1　组织变革过程中悖论式领导的角色和作用

通过上述案例分析发现，华为领导班子在 IPD 项目变革的三阶段过程中扮演关键的角色，发挥重要的作用。在 IPD 变革"解冻"阶段，由变革指导委员会根据外部环境识别潜在机会，结合企业内部优势，在与员工进行充分讨论和沟通的情况下做出变革决策，发起变革。在变革"行动"阶段，领导班子控制变革过程的推进，负责阶段性、关键性的重大决策，从战略层面确保变革朝着正确的方向演进。领导在变革过程中既利用权威清除关键障碍，同时又对变革支持者进行赋能，全面参与和推动组织变革，是变革的执行者。在变革"再冻结"阶段，领导班子将变革成果固化为新的制度体系，再将新的制度体系融入组织文化中，推动下一轮新的组织变革。在华为 IPD 组织变革过程中，领导扮演战略性企业家的角色，统筹全局，保证整个变革过程朝着正确的方向进行。华为领导是变革的发起者、执行者，同时也是变革基因的奠定者，在持续变革和坚持战略一致之间不断寻求平衡，始终在变与不变的协同中发挥着关键作用。

华为领导班子在推动 IPD 项目组织变革过程中表现出全局观和复杂系统性认知思维，能够在复杂环境下认识到清晰的变革目标，能够统一全员思想，保证变革过程的战略一致性，体现出领导的系统性思维特征。在发起变革的"解冻"阶段，领导表现出对混沌与清晰、被动与主动、短期利益与长期效益、造势和做实等的系统复杂认知和矛盾优化整合行为特征。在变革"行动"实施阶段，领导通过平衡稳定与变革、控制与灵活、集体与个体、集权与分权的矛盾关系，消除变革阻力，创建变革成功试点，全面参与和推进组织变革顺利实施，体现出领导应对相互对立又相互依存问题的矛盾处理行为。在变革"再冻结"阶段，领导采用由变革成功试点到全面推行变革项目的方式，建立制度化体系将变革成果进行固化，再将变革基因植入组织文化中，表现出对点与面、变化与固化、持续变革与战略一致性的矛盾悖论整合行为。根据 Zhang 等（2015）对悖论式领导行为的定义，悖论式领导行为是基于阴阳哲学和悖论思维，能够运用系统性思维来整合矛盾两面性，应对相互对立又相互依存问题的矛盾处理行为。综上所述，以上华为领导在 IPD 组织变革过程中的行为表现特征符合悖论式领导的系统思维和复杂认知方式及矛盾悖论整合的悖论式领导行为方式。

基于以上分析，本研究提出以下命题：

命题 1：领导通过整体系统性思维和矛盾复杂性认知发起变革，发挥率先垂范带头作用引领变革，在变革过程中采取矛盾悖论整合策略和行为，体现的是组织变革过程中的悖论式领导行为。

命题 2：组织变革过程中，悖论式领导统一全员思想发起变革，全面参与和推动变革实施，巩固变革成果形成变革文化，是组织变革的发起者、执行者和变革基因的奠定者，扮演了战略性企业家的角色，起到统领全局的作用。

悖论式领导在推动组织变革实施过程中的角色和作用如图 3-1 所示。

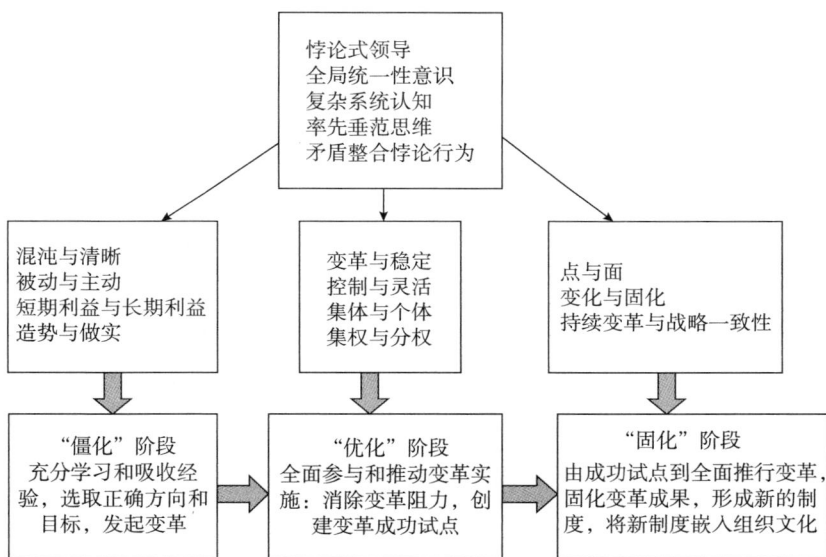

图 3-1　悖论式领导在实施组织变革过程中的角色和作用

3.4.2　悖论式领导行为对员工变革态度和行为的影响

3.4.2.1　悖论式领导行为通过变革预期、变革效能感、组织承诺对员工变革态度和行为产生积极的影响

第一，悖论式领导行为增进员工变革预期。在组织变革不确定性压力下，领导的表率行为会加深员工对外在环境安全可靠的感知，增强员工对组织变革的积极预期，从而激发他们对组织变革的积极态度和行为反应（许苗苗等，2016）。对华为受访资料的案例分析也证实了这点，正如一位访谈对象所表述"F9：在这

次变革中，公司高层的带头作用对我的影响很大，高层领导带头行动，变革结果肯定不会差到哪里去"。悖论式领导具有率先垂范意识，在组织变革过程中起到模范带头作用，提高员工对组织变革的预期，使员工对变革产生积极的态度和行为反应。

第二，悖论式领导行为增进员工变革效能感。悖论式领导行为表现为既维持决策控制又允许自主性，既严格执行工作又保持灵活性。领导严格执行工作和保持决策控制，体现了领导对组织变革的支持和重视，能让员工感受到领导对变革的支持和强大的管理能力，使员工相信领导有能力推动组织变革成功，增强组织变革效能感（张寒，2019）。在华为员工的访谈案例分析中也发现，员工感知到领导的决策执行能力，对组织变革充满自信。

第三，悖论式领导行为表现为尊重员工和包容性等行为特征，使员工产生较高的组织归属感并产生组织承诺，相信组织并愿意回馈组织，产生变革积极态度和行为。已有研究表明，尊重和包容员工的领导行为会使员工感觉到在变革中能够与领导平等地沟通，相信遇到困难时领导会给予帮助和反馈，这种被尊重和被包容的心理感知会增强员工与领导的上下级关系（Alfes & Kearney，2021），为了保持这种高质量的上下级关系，员工愿意回报领导和组织，从而支持组织变革，愿意为组织变革积极出谋划策，主动提供各种新方法，为变革做出自己的贡献（孙柯意、张博坚，2019）。对华为员工的访谈记录资料也证实了这一点，例如一位访谈对象所述"F5：华为领导班子能够尊重员工，愿意倾听员工的心声，这点我觉得很难得，让人感受到组织归属感"。

基于以上分析，本研究提出以下命题：

命题3：悖论式领导行为通过促进员工形成变革预期、变革效能感和组织承诺，进而对员工变革态度和行为产生积极的影响。

3.4.2.2　悖论式领导行为通过角色冲突、角色模糊、角色超载对员工变革态度和行为产生消极影响

悖论式领导的矛盾整合处理工作的方式和要求会使员工承载矛盾的工作角色（Sawyer，1992），要求员工在认知上不断切换并整合自己的思维，承担更复杂整合的工作，造成员工角色压力（李锡元、夏艺熙，2022）。对华为员工的访谈记

录资料也证实了这点，华为领导班子在推动组织变革过程中表现出控制与灵活、集权与授权的矛盾整合悖论式领导行为，使部分员工产生角色模糊、角色冲突和角色超载。例如，访谈对象表述"F15：领导强调既要自主研发，同时也要加大对外开放学习，这种矛盾性的工作要求对于我来说就感觉挺有压力的"。还有访谈对象多次表述"F14：变革过程中，领导经常强调，一切以客户为中心，这个方向不变，细节上大家灵活处理，大胆放手去干，这样往往会让我产生摸不着方向的那种压力感"。

基于以上分析，本研究提出以下命题：

命题 4：悖论式领导行为促进员工形成角色模糊、角色冲突、角色超载，进而对员工变革态度和行为产生消极的影响。

3.4.2.3　员工主动性人格的调节作用

主动性人格是员工具有的一种稳定的个体特质，是指个体不受情境阻力和制约，不断探寻新的途径，善于捕捉机遇，主动采取行动以改变外部环境的行为倾向（Bateman & Grant，1993）。已有研究发现，主动性人格在变革型领导与员工变革支持行为关系中起正向调节作用（曹晓丽等，2021）。不同的主动性人格在面对组织变革情境时会表现出不同的行为反应，高主动性人格的员工会积极学习，主动试错和创新，寻找解决问题的突破口，而低主动性人格的员工则更多的只是被动适应环境变化，不能较好应对组织变革压力（Parker et al.，2016）。赵蕾和翟心宇（2018）研究也证实了高主动性人格员工更容易产生主动性行为和建言行为，更容易积极主动参与组织活动。本章案例研究通过对受访者进行访谈，得到访谈编码结果，发现华为员工表现出较高的工作主动性，具有较高水平的主动性人格。国内学者冉涛在对华为多年的跟踪调查后于 2019 年在《华为灰度管理法》一书中指出，在华为用人识人五项素质中，主动性排在第一位，华为选人用人首先是看这个人有没有主动性，一般通过各种测试方法进行检测，只有具有高主动性的人才被选上。本次研究的访谈数据也证实了这点，如在访谈信息中有受访者表示"F1：在华为深圳总部大楼里，每天晚上 10 点以后还灯火通明，大家工作非常自觉，从来不需要督促"。华为在 IPD 组织变革过程中，通过一系列问卷调查方式，选择那些对变革有积极意愿的人参与变革，而将那些没有变革意愿的人员清理出变革小组，待变革试点成功之后，再全面推行，这个时候再由变革委员会领导通过意会和榜样方式感化全体员工产生变革积极态度和行为。

基于以上分析，本研究提出以下命题：

命题5：员工主动性人格可能在悖论式领导行为影响员工变革态度和行为反应的作用过程中起到调节作用。

基于以上分析，本章构建了组织变革过程中员工感知到的悖论式领导行为对员工变革态度和行为反应的作用机制模型，如图3-2所示。

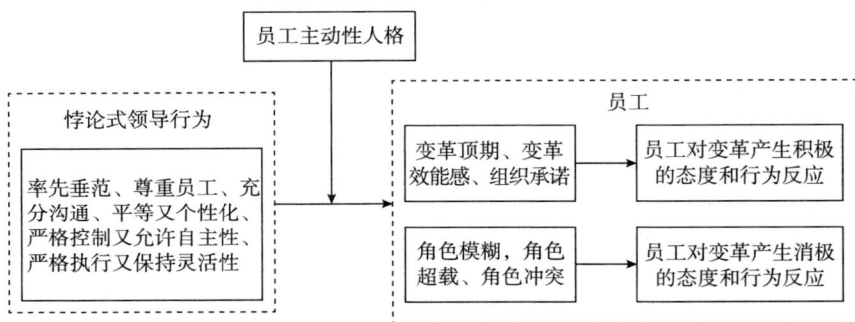

图3-2　悖论式领导行为对员工变革态度和行为反应的作用机制模型

3.5　本章小结

本章以华为IPD组织变革过程进行案例研究，探讨华为领导在推动组织变革过程中的角色和作用有效性。研究发现，华为领导班子在推动IPD项目组织变革过程中表现出全局观、复杂系统性认知、率先垂范和矛盾整合优化悖论行为，领导的这种思维和行为方式符合已有研究对悖论式领导行为概念特征的相关定义。本章通过对华为IPD项目组织变革三阶段过程的分析，发现变革领导在这一过程中扮演变革发起者、变革执行者和变革基因奠基者的角色，扮演战略性企业家的角色，起到统领全局的作用。由此，本章构建了组织变革三阶段过程中悖论式领导的角色和作用模型。另外，本章案例研究围绕组织变革过程中员工对领导行为感知及员工变革态度和行为反应的话题，通过对相关人员进行访谈，然后对访谈原始资料进行编码，研究结果发现，一方面，组织变革过程中，领导发挥带头表率作用，与员工进行充分的沟通，员工感到被尊重和支持，能消除员工变革不确定性感知，提高变革预期和变革效能感，增强员工组织归属和组织承诺，从而使员工对变革产生积极的态度和行为反应。但另一方面，组织变革过程中，领导采取的控制与灵活、集权与分权的矛盾整合管理策略，使员工感到角色模糊、角色超载和角色冲突，从而使员工对变革产生消极的态度和行为反应。

本章案例的研究结论表明了将悖论式领导引入组织变革过程进行研究的必要性。随着环境复杂性日益增强，组织变革的节奏日益加快，变革已成为组织发展的常态，若要在复杂多变的环境下实现企业的顺利转型和有效变革，选择采用有效的领导行为方式成为关键性的重要因素。已有研究表明，传统的"非此即彼"的领导风格很难应对复杂性组织悖论问题，具有复杂认知和悖论处理能力的悖论式领导较能有效应对组织复杂性（刘善堂、刘洪，2015）。本章案例的研究结论表明了悖论式领导能够在复杂混沌环境下保持清晰的目标和方向，能够通过统一全员思想发起变革，通过平衡矛盾问题推进变革顺利实施并最终巩固变革成果。同时，悖论式领导推动组织变革过程中的矛盾整合悖论管理策略和领导行为方式，能使员工产生积极的变革态度和行为反应，但也有部分员工产生消极的变革态度和行为反应。已有学者研究发现，悖论式领导行为并不是在任何条件下对任何员工都能产生积极作用（Shao et al.，2019；李锡元、夏艺熙，2022）。本章案例的研究结果进一步表明悖论式领导行为可能会对员工变革支持行为产生双刃剑的作用，但可能因员工个体特质差异产生不一致的影响效果。通过对华为相关资料进一步分析，本书认为员工主动性人格这一个体特质因素可能在悖论式领导行为对员工变革态度和行为反应的双面性影响过程中起到调节作用。在本章研究基础上，本书后续将通过对多家企业进行问卷调查和实证分析，探讨悖论式领导行为对员工变革支持行为的双刃剑效应机制，本章的研究结论为本书后续的实证研究模型构建提供了思路和研究的实践基础。

第4章　理论模型与研究假设

4.1　理论模型

4.1.1　悖论式领导行为影响员工变革支持行为的资源保存理论分析

资源保存理论最初是作为一种压力理论被提出的，用来解释个体应对压力的心理和行为机制。资源保存理论（Hobfoll，1989）认为，感到压力的个体可以通过各种处理行为防御失调的心理状态，个体会努力获取、保留和培育有价值的资源。对于员工来说，组织变革是一项长期、有压力和情绪紧张的过程（Kiefer，2005；Kim et al.，2011），因为组织变革往往可能会破坏旧的组织惯例，导致工作量增加或者新的工作关系的调整，引入新的战略目标等，造成员工压力和情绪紧张（Pollard，2001；Huy，1999）。在组织变革的压力下，员工会使用现有资源去获取新资源以减少资源的净损失，同时，他们也会积极构建和投资培育资源储备以应对未来可能出现的资源损失情境，而拥有较多组织资源的领导常常成为组织成员获取资源的有效途径（Bono & Judge，2004）。一方面，员工通过与领导的互动获取相应的资源（王忠军等，2016），拥有较多资源的个体更容易获得领导提供的资源，从而呈现资源螺旋上升（Hobfoll，1989），另一方面，员工需要耗损资源去应对领导对工作的要求（赵玉田、王玉业，2022），拥有较少资源的员工更容易造成资源损耗，从而呈现资源损失螺旋（Hobfoll，1989），即资源增益机制和资源损耗机制。

悖论式领导行为区别于其他领导行为最大的特点在于它的矛盾整合性，可以应对复杂环境下同时存在的各种矛盾悖论问题，是复杂环境下组织管理有效的领导行为方式（刘善堂、刘洪，2015）。Zhang 等（2015）从领导与员工关系视角的监督层面对悖论式领导行为进行概念界定，认为悖论式领导行为包含五个维度的特征：对待员工既一视同仁又允许个性化、以自己为中心同时也以员工为中心、与员工亲密又保持距离、工作严格要求又允许灵活性、保持决策控制又允许自主权。按照以上 Zhang 等（2015）对悖论式领导行为概念的界定，本书认为悖论式领导行为可能会同时通过积极路径和消极路径影响员工变革支持行为。具体来说，一方面，悖论式领导给予员工尊重、个性化关怀、自主权等，员工感知到的悖论式领导行为特征能够满足员工面对变革压力时的心理和情感需求，为员工提供资源补充，增加员工的变革情感承诺和变革规范承诺，进而激发员工产生变革支持行为。另一方面，悖论式领导行为的矛盾两面性整合思维和行为风格可能会造成员工认知上形成角色压力，员工需要损耗资源理解悖论式领导行为并做出符合角色要求的出色表现，悖论式领导行为通过角色压力的作用抑制了员工变革支持行为的产生。因此，本书认为悖论式领导行为可能同时存在积极路径和消极路径的双面性影响，对员工变革态度和行为反应产生双刃剑的影响。

基于以上分析，本研究以资源保存理论基本原理为理论依据，基于资源增益和资源损耗机制模型，认为悖论式领导行为可以通过资源的增益和损耗两条路径从正面和负面来影响员工的变革态度和行为反应。

4.1.2　悖论式领导行为影响员工变革支持行为的资源增益机制

在资源增益方面，员工感知到的悖论式领导行为使员工产生积极的情感体验，形成了应对变革压力的心理和情感资源，促进员工产生变革情感承诺和变革规范承诺，进而激发员工产生变革支持行为。

首先，悖论式领导行为能够促进员工形成变革情感承诺。具体而言：其一，悖论式领导行为表现为对员工一视同仁但同时给予员工个性化的支持，一视同仁是组织公平的体现，员工感知到领导公平对待员工，会使他们相信组织利益分配公平，信任组织变革收益和变革对员工的内在利益（钟志宏，2010）；悖论式领导同时根据员工个性特征提供相应的个性化支持，依据员工特长差异对工作进行安排和指导，使员工感知到工作本身的内在意义，产生积极的工作态度和行为（Jimmieson et al.，2008）。其二，悖论式领导行为能使员工相信组织变革成功，提高员工变革效能感。悖论式领导行为在保持决策控制的同时允许工作自主性，严格执行工作的同时保持灵活性。在组织变革过程中，领导强有力地保持决策控制和严格执行工作让员工感受到领导对组织变革的强大控制能力，让员工相信组织变革成功的可能性（柏帅蛟，2016）。其三，悖论式领导通过营造积极的变革组织氛围唤起员工支持组织变革的情感和情绪反应。悖论式领导行为表现为严格执行工作要求，保持决策控制，积极推进组织变革，形成支持变革的积极组织氛围，这种氛围会让员工感知到变革的重要性和紧迫感，能唤起员工对组织变革的情感反应，影响着员工积极支持组织变革的相关认知和行为，积极的组织变革氛围能够促进员工形成变革情感承诺（柏帅蛟等，2017）。

综上所述，悖论式领导行为能够增强员工对组织变革的认同感，提高组织变革效能感，加深员工对组织变革重要性和紧迫感的认知，进而促进员工形成变革情感承诺。变革情感承诺是一种积极的情感反应，是员工形成的情感资源（冯彩玲等，2014），悖论式领导行为通过为员工提供情感资源补充，提高员工应对组织变革压力的能力，进而促进员工产生支持组织变革并为组织变革积极做出贡献的变革支持行为。

其次，悖论式领导行为能够促进员工形成变革规范承诺。悖论式领导行为表现为对员工提供个性化支持、允许工作自主性、尊重员工，这是上级对下级提供支持的领导行为表现，从而容易形成高质量的领导—员工关系（Zhang et al.，2018），为了维持这种关系以获得更多的组织资源，员工具有回报组织的责任感和义务感，从而形成变革规范承诺。同样地，变革规范承诺是员工基于对组织变革的责任感和义务感而产生的一种积极心理态度（Holt et al.，2007），是一种积极的情感体验。

综上所述，悖论式领导行为能够促进员工形成变革情感承诺和变革规范承诺，形成员工支持组织变革的积极情感体验，增加员工的情感资源，进而促使员工形成变革支持行为。

4.1.3　悖论式领导行为影响员工变革支持行为的资源损耗机制

在资源损耗方面，悖论式领导行为通过角色压力对员工认知形成影响作用，使员工需要利用现有资源去应对角色压力，造成资源损失。具体来说，悖论式领导行为体现出矛盾整合的特点，常常表现为矛盾性和复杂性特征，员工需要理解领导看似矛盾冲突的领导行为并做出符合领导要求的出色表现，这种角色期望下的工作要求会给员工造成角色压力和负担，员工需要损耗现有资源去应对角色压力和负担，造成资源损耗，出于对个体资源的保护，员工会产生更多的回避行为和消极反馈，从而对工作适应绩效产生负向影响（李锡元、夏艺熙，2002）。悖论式领导行为在推动组织变革过程中，表现出的矛盾冲突整合思维和行为方式可能会给员工角色认知造成冲突和压力，使员工对自身角色需求缺乏清晰的认知，感到无法胜任多重任务角色或者同时满足相互冲突的角色（Hobfoll，2001），进而造成较大的心理压力。根据资源的损失螺旋原则，悖论式领导行为可能会通过角色压力这一消极作用降低员工对组织变革的适应性，从而对变革产生消极反应，不利于变革支持行为的产生。

4.1.4　员工主动性人格的调节作用

根据资源保存理论的观点，拥有较多初始资源的个体遭受资源损失的可能性更低，且获取新资源的能力更强；反之，拥有较少初始资源的个体则更容易遭受资源损失，且获取新资源的能力也相对更弱（Hobfoll，1989）。拥有主动性人格的个体独立自主、眼光长远，他们乐观、积极和韧性（Anders & Bard，2011）。Campbell（2000）将主动性人格的核心特征表述为具有较强的专业素养、具有较高的工作投入程度和工作胜任力等。主动性人格被认为是个体拥有的初始资源（Anders & Bard，2011；Zhao et al.，2016）。因此，相对于低主动性人格的个体，较高主动性人格的员工由于拥有更多的个人初始资源，按照资源保存理论中的初始资源效应原则，其在悖论式领导行为影响下更容易形成资源增长效应，更能应对组织变革的压力，形成支持变革的积极情感；相反，在面对组织变革压力和角色压力的情境下，低主动性人格的个体由于拥有较少个人初始资源，因此更容易遭受资源损失，且获取新资源的能力更低。个体主动性人格在员工变革支持行为的形成过程中的影响作用也已得到证实，曹晓丽等（2021）研究证实了高主动性人格特质的员工在变革型领导作用下更容易形成变革支持行为。因此，本章还将主动性人格作为悖论式领导行为对员工变革支持行为作用机制的边界条件。

综上所述，悖论式领导行为通过给员工带来资源增益，影响其变革承诺（包括情感承诺、规范承诺），进而影响其变革支持行为；通过给员工带来资源损耗，影响其角色压力，进而影响其变革支持行为。这两个影响路径都受到员工的主动性人格影响。本研究中的悖论式领导行为是员工感知上的领导行为特征，是发生在员工个体层面上的感知和认知，本研究构建理论模型如图 4-1 所示。

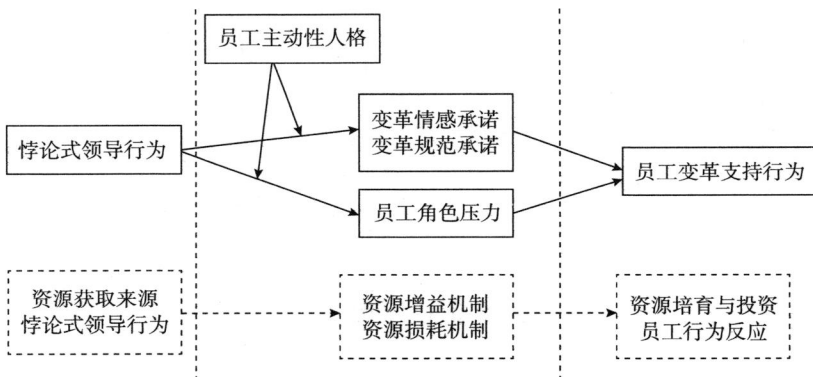

图 4-1　本研究的理论模型

4.2　研究假设

4.2.1　变革承诺的中介作用

变革承诺是约束个体遵守成功实施变革方案所必需的行动方针的一种行为意

愿，是一种行动承诺的情感态度反应，反映了员工支持变革是为了变革倡议的成功而努力的一种积极主动的行为倾向（Herscovitch & Meyer，2002）。学者们的研究证实了变革承诺是变革反应的行为意向（Neves，2009；Hartline & Ferrel，1996），是对组织变革的认同，是愿意为变革付出努力的行为意愿（Ford et al.，2003），是支持组织变革的意向（Fedor et al.，2006），是员工对待变革的态度（Woodman，1995）。由此可见，变革承诺是员工对组织变革的一种行为态度，表现为对组织变革的情感反应。变革承诺和变革行为反应的紧密联系得到了很多实证研究结果的支持（Meyer，Herscovitch，2011；Lokhorst et al.，2013），员工在多大程度上采取实质性的变革支持行为取决于他们对面临的组织变革所具有的行为意向（Jimmieson et al.，2008），即是否具有相应的变革承诺（Ajzen，1991），员工对组织变革的承诺是变革支持行为的重要解释变量（Bouckenooghe et al.，2015）。

在 Herscovitch 和 Meyer（2002）提出的变革承诺模型中，他们将变革承诺分为变革情感承诺、变革规范承诺和变革持续承诺，并证实了构成变革承诺的三要素之间是相互独立的，彼此之间并不相关。变革情感承诺是指员工基于对组织变革的信念认同，坚信组织变革是有益的，并认为变革是在组织的前进道路上必然发生的，从而在情感上认同变革并且愿意去支持变革，对组织开展的变革活动具有很高的心理认同（Herscovitch & Meyer，2002）。变革规范承诺是指员工基于组织责任感知，认为认同并支持组织变革是自己应该负的责任和义务，是出于内心的责任感而产生的支持组织变革的信念，认为如果抵制组织变革，就会产生负疚感。变革持续承诺反映的是员工认识到不支持变革可能付出的成本而支持变革的意愿（Herscovitch & Meyer，2002）。变革承诺三因素模型的提出，实际是对员工变革态度和信念类型的划分，其中变革情感承诺和变革规范承诺是一种积极的变革意愿和信念，来源于变革参与者对组织变革的积极情感态度，是在对组织变革的信任基础上产生的变革承诺（Herscovitch & Meyer，2002）；而变革持续承诺是一种消极的变革态度，只是出于对不支持变革的成本考量而产生的被动式的顺从行为（Holt et al.，2007）。

众多研究证实了变革情感承诺和变革规范承诺正向促进员工变革行为的产生（Thompson et al.，2002；Sorge，2004；Cunningham，2006），而变革持续承诺被证实对变革支持行为产生负向影响（Herscovitch & Meyer，2002）或不产生影响（Cunningham，2006）。基于以上讨论，有学者提出应该将变革情感承诺和变革规范承诺作为积极行为意向来进行研究，而变革持续承诺与变革支持行为的联系较弱（Cunningham，2006；Solinger et al.，2008）。因此，从变革情感承诺和变革规范承诺视角来讨论变革承诺的积极行为意向是最为恰当的（Meyer et al.，2009）。并且，一项元分析表明，虽然变革情感承诺和变革规范承诺具有一定的相关性，但是两者之间还是存在一定的区分效度的（Parish et al.，2008）。因此，根据研究的需要，选择变革承诺的一个或者两个维度进行相关研究是恰当的（Herold et al.，2008；Meyer et al.，2007）。鉴于变革持续承诺与变革支持行为的联系较弱（Cunningham，2006；Solinger et al.，2008），变革持续承诺不作为本书的讨论对象。由此，本书将变革情感承诺和变革规范承诺作为变革支持行为的积极情感态度来进行研究，探讨变革情感承诺和变革规范承诺在悖论式领导行为对变革支持行为积极效应中的中介机制。

4.2.1.1 变革情感承诺的中介作用

变革情感承诺是指员工基于变革会为组织带来利益的信念而支持变革的意愿，反映了一种基于对变革的内在利益的信念而产生的支持变革的欲望，是员工对组织变革的积极情感态度。以往的研究结果表明，变革情感承诺是最能解释员工支持组织变革的态度和行为意向的概念（Herscovitch & Meyer，2002；Fedor et al.，2006；柏帅蛟等，2017），变革情感承诺是员工形成变革支持行为的情感承诺维度，是员工支持组织变革并且为了变革倡议的成功而努力的一种积极主动的行为意向（Bouckenooghe et al.，2006），变革情感承诺与员工的行为结果之间存在密切的联系，是员工变革支持行为的前驱因素（Herscovitch & Meyer，2002；柏帅蛟，2017）。

根据变革情感承诺的定义和内涵，以及前人对变革情感承诺形成的影响因素的研究结果，变革情感承诺的形成一方面取决于外部的影响因素，如领导行为因素（Conway & Monks，2008）、组织因素（Shin et al.，2012）、变革事件的影响（Fedor et al.，2006），另一方面取决于个体自身的个体因素，主要包括个体特质和个体认知两方面，如员工的价值观和目标、自我效能感、控制点等人格特质影响员工对变革的态度（Oreg，2006；Oreg et al.，2011），员工个体对变革事件的认知包括变革潜在利益认知、社会规范压力认知、变革恰当性感知、变革公平感知等（Peach & Jimmieson，2005；Peccei et al.，2011）。由此，本书认为悖论式领导行为具有的相关特征可以促进员工形成变革情感承诺。

首先，悖论式领导行为通过变革氛围感知促进员工形成变革情感承诺。悖论式领导行为表现为严格执行工作，维护决策控制，体现了领导对组织变革的支持和重视，领导对变革的承诺和支持以及领导推进变革的能力形成了积极的组织变革氛围，强烈的变革氛围反映了整个组织内部的一种强烈的变革导向，为员工理解面临的变革事件提供了重要的情境（柏帅蛟等，2017）。个体对情境因素的感知被认为是形成变革承诺的重要前因变量（Herold et al.，2007）。悖论式领导行为体现了领导对组织变革的支持和重视，使员工感知到积极的变革氛围，积极的变革氛围感知能够提高变革结果预期，从而对员工变革情感承诺产生积极的影响（柏帅蛟等，2017）。

其次，悖论式领导行为可以提升员工对变革的前景预期。一方面，悖论式领导行为能增强员工的变革效能感，使员工相信组织具有成功推动变革的能力，并对组织成功变革充满希望。悖论式领导保持决策控制保证变革活动有效执行，在工作执行中给予员工自主权并允许灵活性（Zhang et al.，2015），能让员工感受到领导对变革的支持和强大的管理能力，使员工相信领导有能力推动组织变革成功，增强变革组织效能感（张寒，2019），因为这样的领导行为不仅体现出了领导推动变革的能力，也使员工感知到组织为变革提供资源支持。员工对组织变革所应具有的管理能力和所需要具备的组织变革资源的自信程度，是员工变革效能感的关键因素，是员工是否相信变革成功并愿意做出贡献的重要因素（Armenakis et al.，2007）。变革效能感是影响变革情感承诺形成的重要因素（Holt et al.，2007），变革效能感会唤起个体情感并激发实际的个体行为，变革效能感被证实能促进变革情感承诺的形成（柏帅蛟等，2017）。悖论式领导行为通过变革效能感促进员工形成变革情感承诺。另一方面，悖论式领导行为能提升员工对组织变革结果的预期。悖论式领导行为风格表现为对员工一视同仁的同时允许个性化，体现领导管理过程的公平性和对员工的关怀（Zhang et al.，2015），这种公平性使员工相信组织变革利益的公平分配，以及组织变革能为自己带来利益

（宁静，2013）。组织和员工能否从变革中获得积极收益的评估，是员工形成变革承诺的关键要素（Holt et al.，2007）。变革结果可能会对员工和组织带来积极或消极影响的评估，组织变革本身具有一定的不确定性和风险，只有员工相信变革会使组织和员工从中受益，员工才会认同组织变革并产生积极的变革态度（宁静，2013）。员工对组织变革行为可能后果的信念、对变革结果的积极评价和态度都能提升员工对组织变革的情感承诺，愿意为推动组织变革进程贡献出自己的力量（Fedor et al.，2006）。

最后，悖论式领导行为通过促进员工形成对组织变革的认同感进而形成变革情感承诺。在推动组织变革的活动中，悖论式领导行为表现为以自己为中心的同时也以他人为中心（Zhang et al.，2015），体现了领导既保证自身领导中心地位，同时又以员工为中心，尊重员工并兼顾员工感受，这种领导行为特征能让员工感受到被尊重、认可和支持，从而增强员工对组织变革的认同感（孙柯意、张博坚，2019）。悖论式领导行为表现为对员工适当授权，允许员工工作过程中的灵活性，并给员工提供相应的支持，使员工感受到被认可，从而提升员工的变革效能感和组织认同感，进而产生对组织变革的情感支持（王雁飞等，2021）。因此，悖论式领导行为可以促进员工变革情感承诺。综上所述，本研究提出如下假设：

H1：悖论式领导行为正向影响员工变革情感承诺。

H2：员工变革情感承诺在悖论式领导行为与员工变革支持行为的关系中起部分中介作用。

4.2.1.2　变革规范承诺的中介作用

变革规范承诺反映员工支持组织变革的责任感，是出自责任和义务而自发性地产生支持组织变革的信念（Herscovitch & Meyer，2002）。悖论式领导行为是能够促进员工形成变革规范承诺的。

首先，悖论式领导行为通过形成高质量的上下级关系促进员工形成变革规范承诺。悖论式领导行为表现为既同等对待员工又允许个性化的领导行为特征，其中，同等对待员工能够使员工对领导做出积极评价，个性化关怀能够促进高质量的沟通，形成高质量的上下级关系（Michaelis et al.，2009）。为了维持与上级的高质量关系，继续获得上级的关心从而获得更多的组织支持资源，员工会产生要回报领导和组织的义务感和责任感，会觉得自己有义务做出回报。员工为了回报组织，就会做出有利于领导和组织的支持行为，在组织变革情境下，员工出于责任和义务的考虑，做出支持组织变革的行为（刘晓梅，2019）。

其次，悖论式领导行为通过关心、尊重员工，促进员工形成变革规范承诺。悖论式领导行为表现为以自我为中心的同时以他人为中心。领导以自我为中心能够保持领导的主导权和发挥领导的示范作用，提高员工对领导的认可；以他人为中心体现出领导能够尊重、肯定和支持员工（Zhang et al.，2019）。当员工感受到领导的关心和支持时，为了回报领导和组织，员工会做出有利于领导和组织的积极行为，即员工出于责任和义务考虑，会做出支持组织变革的行为（何显富，2011）。另外，悖论式领导行为表现为在工作场所中以自我为中心，但是承认自身的缺点与员工的价值，员工感知到领导的肯定和认可，获得领导的尊重，感受到领导和组织的支持，使员工获得较强的心理安全感（Alfes & Kearney，2021），促进领导与员工建立良好关系（李锡元等，2018）。为了维持或提升这种关系，员工往往主动并积极拥护领导的管理策略和组织的相关活动，尽力为组织做出应有的贡献作为回报。悖论式领导行为表现为既与员工亲密又保持距离的领导行为特征（Zhang et al.，2019）。领导以自我为中心、与员工保持一定距离会使员工敬畏领导的权威，这在东方文化情景下是一种常态（Chen et al.，2013）。而领导对员工能力的认可会使员工认识到自身的价值与领导对自身的重视和支持，进而促进员工积极展示自我，积极投入到组织变革活动中并为组织变革建言献策，即员工会表现出积极的变革规范承诺。

最后，悖论式领导通过授权赋能，为员工提供资源支持，促进员工形成变革规范承诺。悖论式领导行为表现为既严格执行工作又保持灵活性，既维护决策控制又允许自主权。这种行为表象特征体现了领导向员工提供支持以及进行授权赋能，即领导提供交换资源。此时，为了维系或强化这种关系，出于责任感，员工会考虑拥护组织活动，积极参与组织变革并为变革做出贡献作为回报（唐莉，2017）。此外，当领导表现出支持和关心员工发展，考虑员工心理感受等行为特征时，有助于提高员工对领导的积极情感，建立良好的上下级关系，从而提高员工对领导的上下级关系认同，激发员工做出有利于领导及组织的自主性行为作为回报，在变革情境下员工会产生变革支持行为（孙柯意、张博坚，2019）。悖论式领导行为表现出在保证自身领导地位的同时，尊重员工并兼顾员工心理感受，在严格要求工作标准和控制决策权的同时兼顾灵活性和自主性（Zhang et al.，2015）。悖论式领导行为所具有的关心员工、支持员工的领导特征有助于增强员工的关系认同感（段锦云，2016），员工因为认同组织并且被支持，所以会积极回报组织，促进员工形成变革规范承诺。另外，在组织变革情境下，对领导具有高度关系认同的员工与领导交换关系质量进一步提升，能够激发员工的使命感与义务感，将领导的成败荣辱与个人得失紧密联系，从而愿意为实现领导和组织的变革目标与变革成功而产生积极主动、积极推进以及为组织变革做出贡献的行为作为回报（孙柯意、张博坚，2019）。据此，本研究提出如下假设：

H3：悖论式领导行为正向影响员工变革规范承诺。

H4：员工变革规范承诺在悖论式领导行为与员工变革支持行为的关系中起部分中介作用。

4.2.2 员工角色压力的中介作用

悖论式领导行为是整合两种看似矛盾的领导行为并将其合二为一，以平衡矛盾竞争两面性的新型领导行为风格。在组织变革过程中，领导对于组织变革复杂情况的处理往往取决于其认知环境特征的能力，悖论式领导识别环境变化和问题本质，依据不同任务要求整合矛盾两面性的悖论问题，实现矛盾竞争的协同作用（Zhang et al.，2015）。以往也有学者指出，悖论式领导行为通过整合矛盾竞争的悖论问题积极影响员工变革支持行为产生（孙柯意、张博坚，2019；刘懿宸，2021）。但也有研究发现，悖论式领导行为使员工在对领导行为认知上存在角色压力，负向影响员工的适应性绩效（李锡元、夏艺熙，2022），悖论式领导行为的矛盾双面整合性特征会造成员工焦虑和认知紧张（Schreiner，2017；赵红丹等，2021）。

角色压力指的是个体认为自己不能很好完成角色期望时产生的一种压力（Kahn，1986）。角色压力来源于角色模糊、角色冲突和角色超载。角色模糊是指角色扮演者对来自组织或他人角色期望的不确定或缺乏清晰的认识，表现为个体不清楚或不明白自己的工作目标、工作范围和工作职责，导致无法正确应对工作要求和执行任务（Kahn，1986）。角色冲突是指个体同时面临两种或两种以上不一致的角色期望时，个体难以协调而产生的心理冲突感（Kahn，1986）。角色超载是指个体在同一时间被期望的角色过多但自身精力有限而产生的角色负荷的压力，体现为个体感知到要完成的任务太多而自身时间和精力有限，无法应对的心理压力。Kahn（1986）认为，角色传递者通过沟通、命令、指示等方式向角色行为人传递组织对相关角色的期望及要求，当个体在扮演某种角色时，由于无法有效且全面理解角色传递者的期望感到难以准确诠释个体所要扮演的角色需要时，压力随之产生。在组织工作环境下，受组织期望及任务复杂程度的影响，个体必须花费更多的资源权重，以更好地实现组织的角色期望（Sawyer，1992），不同角色权衡导致个体角色压力增加。

有研究发现，个体对工作的认知和处理能力影响角色压力感知，工作任务的复杂程度和工作交互程度能有效影响角色压力感知程度，任务交互程度正向影响角色冲突和角色模糊，造成角色压力（Coelho et al.，2011）。悖论式领导行为强调在处理悖论问题时要用看似对立但又相互关联的领导行为，强调秉持既要一分为二更要合二为一的思维逻辑，全面、协同、柔性处理组织悖论问题（Zhang et al.，2015），由此造成员工需要承担的工作任务交互程度加深（李锡元、夏艺熙，2022）。悖论式领导行为要求个体认知在主观上可以在不同思维模式间进行转换，同时又要求个体能够根据环境的变化，灵活改变自己的行为方式，客观上适应组织发展的需要（彭伟等，2020）。悖论式领导行为表现为既维持决策控制又允许自主性，既严格执行工作又保持灵活性，悖论式领导矛盾整合处理工作的方式和要求会使员工承载矛盾的工作角色，要求员工在认知上不断切换并整合自己的思维，承担更复杂整合的工作（李锡元、夏艺熙，2022）。基于资源保存理论，员工需要消耗更多的认知资源解读领导相悖行为的动因，员工需要理解领导看似矛盾冲突的领导行为并不断调整工作策略以满足悖论式领导的要求（李锡元、夏艺熙，2022），从而增加员工认知上的资源消耗，导致产生角色压力（姚波、孙晓琳，2007；李锡元、夏艺熙，2022）。另外，研究发现，组织中领导与员工的高权力距离会提升角色模糊和角色超载感知（崔楠等，2014）。悖论式领导以自己为中心、与员工保持距离、严格执行工作、维护决策控制的工作行为特征会增加员工对组织的高权力距离感知，从而增加员工的角色压力感知。据此，本研究提出如下假设：

H5：悖论式领导行为正向影响员工角色压力。

根据资源保存理论，当资源受损时，个体会采取措施防止资源进一步损耗（Hobfoll，1989）。若员工感知到角色模糊、角色冲突或角色超载，意味着员工需要损耗资源去理解角色期待并做出符合领导角色要求的工作，需要去处理角色冲突带来的身心疲惫，需要损耗资源去完成角色超载造成的工作量超出自己能力范围的工作。因此，角色压力会造成员工形成更多的资源损失，为了避免资源损失，当员工产生角色压力感知时，他们会减少其他的资源投资行为。员工支持组织变革需要员工积极参与变革活动的相关工作，员工需要产生新的非常规的思想，需要探索解决问题的新思路。基于资源保存理论，员工参与组织变革活动的相关行为需要消耗较多的资源和精力，为避免有限资源被持续消耗，他们会倾向于减少变革支持行为的资源投入，减少产生变革支持行为。员工应对组织变革活动的不确定性和风险性本身会损耗资源，加上悖论式领导行为造成的认知上的角色压力，使员工处于身心资源持续消耗状态，为防止资源进一步损耗，员工会减少对变革活动的资源投入行为。据此，本研究提出如下假设：

H6：员工角色压力负向影响员工变革支持行为。

综上所述，根据资源保存理论，组织变革本身的不确定性和风险性给员工带来压力，员工为了缓解变革压力而产生资源损耗，为了维持和保存资源，员工倾向于寻求资源补充或进行资源培育和投资。管理组织的领导掌控着组织资源，是员工寻求资源补充的有效途径（Griffin，2010），在组织变革压力下，员工会向领导寻求资源补充（冯彩玲等，2014）。但悖论式领导行为所传达的矛盾悖论整合行为会对员工角色认知提出较高要求，增加了员工角色认知的压力，进一步消耗了员工个体资源（李锡元、夏艺熙，2022），为了减少资源损耗，员工会减少支持变革的资源投入（Hobfoll，1989），从而减少产生变革支持行为。据此，本研究提出如下假设：

H7：员工角色压力在悖论式领导行为与员工变革支持行为关系中起部分中介作用。

4.2.3　员工主动性人格的调节作用

主动性人格是一种稳定的个体人格特质，是个体采取主动行为影响周围环境的一种相对稳定的人格或行为倾向，相对于低主动性人格的个体来说，高主动性人格的个体在面对环境施加的挑战和压力时，更倾向于采取主动的行为方式改变环境（Bateman & Grant，1993）。根据资源保存理论的观点，拥有较多初始资源的个体遭受资源损失的可能性更低，且获取新资源的能力更强；反之，拥有较少初始资源的个体则更容易遭受资源损失，且获取新资源的能力也相对更弱（Hobfoll，1989）。拥有主动性人格的个体独立自主、眼光长远，他们乐观、积极和韧性（Anders & Bard，2011）。Campbell（2000）将主动性人格的核心特征表述为具有较强的专业素养、具有较高的工作投入程度和工作胜任力等。主动性人格被认为是个体拥有的初始资源（Anders & Bard，2011；Zhao et al.，2016）。因此，相对于低主动性人格的个体，较高主动性人格的员工由于拥有更多的初始个人资源，基于资源保存理论的初始资源效应原则，在悖论式领导行为作用下更容易形成积极的情感体验和情感资源，更能应对组织变革的压力，形成支持变革的积极情感；相反，在面对组织变革压力和角色压力的情境下，低主动性人格的个体由于拥有较少的个人初始资源，他们更容易遭受资源损失，且获取新资源的能力更低。在本书的研究中，员工主动性人格可能在悖论式领导行为对员工变革支持行为的双刃剑影响过程中起到调节作用。

4.2.3.1　员工主动性人格在悖论式领导行为影响员工变革支持行为的资源增益路径中的调节作用

主动性人格是一种稳定的人格特质，高主动性人格的员工在工作中往往表现得更加积极主动，更善于识别、抓住机会以及更善于处理与领导之间的关系（Nilforooshan & Salimi，2016），他们多以未来目标为导向，注重在工作过程中对自我的持续提升；而低主动性人格的员工往往表现出消极适应环境和被动式受环境影响，他们不主动识别和抓住机会，单纯依赖他人的力量来解决问题（Parker et al.，2010）。因此，当面对领导所提供的工作资源时，高主动性人格的员工会积极识别、抓住与领导互动交流的机会，更容易与领导建立良好的领导—成员关系，最终提高工作自主性，获得来自领导的支持以及更多的信息资源（Griffin et al.，2007）。因此，作为积极心理特质的主动性人格，会促使员工采取主动行为识别和获取领导提供的资源和支持，形成正向心理承诺（Herold et al.，2009；冯彩玲等，2014）。另外，有研究表明，在领导推动组织变革过程中，具有越高水平主动性人格的员工，对组织变革能力的感知程度就越深，越会增强他们对组织变革的情感承诺（Griffin et al.，2007；曹晓丽等，2021）。反之，主动性人格水平低的员工往往自我效能感较低，他们并不能强烈感知组织变革的能力，因此对变革并没有较深的情感承诺（Allen et al.，2017）。

悖论式领导行为既保持决策控制权，也允许员工自主性（Zhang et al.，2015），悖论式领导行为在组织变革中也充分授权赋能，在这样的情境下，高主动性人格的员工将会更积极主动地识别和获取领导的授权赋能，更容易感知组织的支持（Parker et al.，2010），他们会积极、主动、充分利用领导授予员工的自主权，使自己更深入地投入工作中，获得更大的自主发展空间，从而表现出更高的情感承诺。悖论式领导行为严格控制工作执行又保持灵活性，员工关系既亲密又保持距离（Zhang et al.，2015），这时，高主动性人格的员工更容易与悖论式领导行为建立良好的上下级关系，并且更可能获得领导提供的资源（Xue et al.，2020）。为了维持这种良好的上下级关系，他们会形成回报组织的责任感和义务感，从而更加认同并支持组织变革，促进员工变革规范承诺的形成。另外，高主动性人格的员工会更积极主动地与领导互动，会在组织内部进行更多的社会互动，这些互动关系会给他们带来回报（Podsakoff et al.，1990），在个体与组织之间形成心理契约，使员工渴望回报组织，表现出更高的组织承诺（Fedor et al.，2006）。在组织变革情境下，相较于低主动性人格的员工，高主动性人格的员工会与领导和组织进行更多的社会互动，从而获得更多的领导资源和组织支持，以及领导的尊重等（Organ et al.，1995）。在这种情况下，这些员工更可能因此产生责任感和义务感，从而产生回报组织的信念（何显富，2011），对组织变革表现出更高的变革规范承诺。另外，还有研究表明，具有主动性人格的员工能更快完成工作任务，更加明确自己的角色，更容易融入工作小组，表现出更高的组织承诺（卿涛等，2014），对组织变革成功更自信，即组织变革效能感将更强，从而积极主动投入组织变革工作中，形成较强的组织变革情感承诺。高主动性人格可以促进员工工作投入和主动性行为（Wang et al.，2017），他们更可能积极参与组织活动，更能接受组织变革并且对组织变革产生较强的变革效能感（Torppa，2010；梁萧阳，2020）。还有研究表明，员工在面对组织压力时，高主动性人格员工不易受到环境影响，他们感受到的压力会比低主动性人格的员工要小（梁萧阳，2020），高主动性人格的员工会积极学习，主动进行试错，找到解决问题的突破口，表现出主人翁的行为，将为组织效劳视作自己的责任和义务（Smith & Torppa，2010；梁萧阳，2020）。在组织变革情境下，由于组织变革会带来不确定性的压力，这时，相对于低主动性人格的员工来说，高主动性人格的员工受到的来自变革不确定性的压力要小，在悖论式领导行为的影响下，他们善于处理领导—员工关系，获得更多的组织支持资源，更可能表现出较高的变革规范承诺。综上所述，本研究提出如下假设：

H8：员工主动性人格正向调节悖论式领导行为与员工变革情感承诺之间的关系，即员工的主动性人格水平越高，悖论式领导行为与员工变革情感承诺之间的正向关系越强。

H9：员工主动性人格正向调节悖论式领导行为与员工变革规范承诺之间的关系，即员工主动性人格水平越高，悖论式领导行为与员工变革规范承诺之间的正向关系越强。

综合上述关于员工主动性人格的调节效应的假设，结合员工变革情感承诺和变革规范承诺在悖论式领导行为与员工变革支持行为之间中介作用的假设，本研究推断出员工主动性人格正向调节变革情感承诺和变革规范承诺在悖论式领导行为和员工变革支持行为之间的中介作用，提出如下假设：

H10：员工主动性人格正向调节员工变革情感承诺在悖论式领导行为和员工变革支持行为之间的中介作用，即员工主动性人格水平越高，员工变革情感承诺在悖论式领导行为和员工变革支持行为之间的中介作用就越强；相反，员工主动性人格水平越低，员工变革情感承诺在悖论式领导行为与员工变革支持行为之间的中介作用就越弱。

H11：员工主动性人格正向调节员工变革规范承诺在悖论式领导行为和员工变革支持行为之间的中介作用，即员工主动性人格水平越高，变革规范承诺在悖论式领导行为和员工变革支持行为之间的中介作用就越强；相反，员工主动性人格水平越低，变革规范承诺在悖论式领导行为与员工变革支持行为之间的中介作用就越弱。

4.2.3.2　员工主动性人格在悖论式领导行为影响员工变革支持行为的资源损耗路径中的调节作用

本研究认为，员工主动性人格在员工角色压力认知路径的消极影响方面也存在调节作用。在主动性人格和角色压力关系的研究中，施让龙等（2017）指出，具有高主动性人格的个体更为乐观，他们能积极乐观解决工作过程中的各种角色压力，积极尝试压力缓解，缓冲压力对个体产生的负面影响，并将主动性人格转化为改变压力环境的主动性行为。在组织变革的不确定性和风险性压力下，高主动性人格的个体倾向于将这种变革压力视为短暂的挑战，他们更容易将其视为机会的酝酿，更可能以积极乐观心态识别变革压力中存在的机会，将压力变为主动性行为（Parker & Williams，2006）。在组织变革中，具有主动性人格的员工能更快完成工作任务，更加明确自己的角色，在悖论式领导行为影响下，他们善于处理领导—员工关系，形成高质量的领导—成员关系，获得更多的信息、反馈和组织支持资源（Bergeron et al.，2014）。他们善于处理与同事的关系，获得更多的社会支持和信息资源（Akgunduz et al.，2018），从而减少悖论式领导行为对角色压力的影响。高主动性人格的个体由于具备主动改变和影响周围环境的稳定倾向，因而他们更倾向于灵活运用身边出现的工作资源（Bakker，2012），悖论式领导行为表现为维持决策控制但允许自主性，既严格执行工作又允许灵活性。在悖论式领导行为的影响下，高主动性人格员工会充分利用领导的授权积极改变周围环境，主动适应变革环境和领导的角色要求，减少悖论式领导行为可能形成的员工角色压力认知，提高环境适应性。另外，从资源保存理论视角看，个体有资源获取、保存、投资和培育的行为倾向（Hobfoll，1989），在面对组织变革压力和悖论式领导行为角色压力情境下，个体面临资源损失，为了避免资源进一步损失，对于高主动性人格的个体而言，他们认为应该积极寻找和获取资源，并进行资源的进一步投资和培育，高风险意味着高回报。面对组织变革可能存在的风险性，在高主动性人格的个体看来，这正意味着高风险存在高回报（Parker et al.，2006）。因此，他们乐于支持组织变革，并认为这是资源投资和培育的有效途径，而低主动性人格的个体更倾向于被动适应环境、适应变革压力，而不主动去发现其中潜在的机会和资源。基于此，本研究提出如下假设：

H12：员工主动性人格负向调节悖论式领导行为与员工角色压力之间的关系，即员工的主动性人格水平越高，悖论式领导行为与员工角色压力感知之间的负向关系越弱。

H13：员工主动性人格负向调节员工角色压力在悖论式领导行为和员工变革支持行为之间的中介作用，即员工主动性人格水平越高，员工角色压力在悖论式领导行为和员工变革支持行为之间的中介作用就越弱；相反，员工主动性人格水平越低，员工角色压力在悖论式领导行为与员工变革支持行为之间的中介作用就越强。

根据以上分析，针对悖论式领导行为与员工变革支持行为的影响关系机制，本书将相关的研究假设汇总于表4-1。

表 4-1　研究假设汇总

序号	研究假设
H1	悖论式领导行为正向影响员工变革情感承诺
H2	员工变革情感承诺在悖论式领导行为与员工变革支持行为的关系中起部分中介作用
H3	悖论式领导行为正向影响员工变革规范承诺
H4	员工变革规范承诺在悖论式领导行为与员工变革支持行为的关系中起部分中介作用
H5	悖论式领导行为正向影响员工角色压力
H6	员工角色压力负向影响员工变革支持行为
H7	员工角色压力在悖论式领导行为与员工变革支持行为关系中起部分中介作用
H8	员工主动性人格正向调节悖论式领导行为与员工变革情感承诺之间的关系
H9	员工主动性人格正向调节悖论式领导行为与员工变革规范承诺之间的关系
H10	员工主动性人格正向调节员工变革情感承诺在悖论式领导行为和员工变革支持行为之间的中介作用
H11	员工主动性人格正向调节员工变革规范承诺在悖论式领导行为和员工变革支持行为之间的中介作用
H12	员工主动性人格负向调节悖论式领导行为与员工角色压力之间的关系
H13	员工主动性人格负向调节员工角色压力在悖论式领导行为与员工变革支持行为之间的中介作用

第 5 章　研究方法与假设检验

5.1　变量测量工具

本章在回顾国内外相关文献的基础上，结合本章研究的主题，选用相应的成熟量表进行相关构念的测量。本章研究变量包括悖论式领导行为、变革支持行为、变革情感承诺、变革规范承诺、角色压力、主动性人格等，对这些变量的测量均采用国内外学者开发并公开发表在国际顶级期刊上的量表，这些量表已经在中国情境下被广泛应用和实证检验。为确保原始测量量表内容的准确性且符合中国情境下的语境表达，本章对测量量表进行了严格的修订和完善。根据 Brislin（1970）和 Cha 等（2007）的建议，需要邀请相关专业人士对量表进行翻译和回译。笔者请两名有海外留学背景的管理学专家和专业人士将英文原始量表翻译成中文，经笔者与两位管理学专家一起讨论后形成符合中文习惯的表达语句，然后请两位英语专业教师将中文版的测量条目逐条逆向翻译成英文，并与原英文量表进行比较，找出两份英文量表的差异，再根据对比结果对不规范的译文进行修改和重新翻译，以确保中文量表尽量遵循原量表的内涵。此外，为确保量表题项表达适合国内被调查者的阅读习惯和理解惯性思维，笔者还邀请了一个企业团队的领导和员工进行试填和访谈，请他们对量表进行语义与理解上的反馈，然后根据他们反馈的意见对测量量表题项的表达方式进行相应的修改和完善。所有测量量表采用 Likert 5 点式，要求被调查者从 1（完全不同意）到 5（完全同意）对测量题项做出主观评价，分值越高表示该行为发生的频率越高。

5.1.1　悖论式领导行为

悖论式领导行为采用 Zhang 等（2015）编制的测量量表。Zhang 等（2015）认为，悖论式领导行为应该更好地综合悖论两级，认为悖论式领导的行为基础应该是既承认悖论两级的独立性，又承认两者之间的关联性。Zhang 等（2015）认为，在设计测量条目时将相互矛盾的行为特征放在同一条目中，能使那些真正同时履行相悖行为的领导才可能被打出高分，这种方式是测量悖论式领导行为的有效方式。最终的量表共包含 5 个维度，22 个题项。Zhang 等（2015）对生成的条目进行验证，结果发现一阶五因子模型有较好的拟合度，说明 5 个维度分别代表了不同的悖论式领导行为。其中，子维度一"既一视同仁又允许个性化"共包含 5 个题项；子维度二"以自己为中心的同时以他人为中心"共包含 5 个题项；子维度三"既维持决策控制又允许自主性"共包含 4 个题项；子维度四"既严格执行工作又允许灵活性"共包含 4 个题项；子维度五"既亲密又保持距离"共包含 4 个题项。本研究采用以上量表题项进行问卷设计，调查对象是与团队领导配对的员工，在问卷开头说明处提示员工根据对领导行为方式特征的感知进行选题，同时在题项表达上突出是员工对领导行为方式特征的感知。本研究中，以上 5 个维度的 Cronbach' α 分别是 0.885、0.903、0.872、0.891、0.859，整体量表的 Cronbach' α 为 0.892。

5.1.2　变革支持行为

变革支持行为的量表开发目前有两类：单维度和多维度。Coyle（1999）最早将变革支持行为作为单维度进行实证研究，认为单维度更能评估出员工的变革支持行为。之后，Herscovitch 和 Meyer（2002）也将其作为单维度进行研究，但根据不同评分将其分为五个阶段，代表不同程度的变革支持，0~20 分表示积极抵制，21~40 分表示被动抵制，41~60 分表示服从，61~80 分表示合作，81~100 分表示拥护。但 Kim 等（2011）认为，Herscovitch 和 Meyer（2002）的单维度量表数据间隔测量是存在问题的，也存在信度和效度低的问题。Kim 等

（2011）以美国营利性医疗机构改革为背景开发了三题项的单维度测量量表，采用 Likert 5 点式来测量员工的变革支持行为，三个题项分别为："我向上级表达过对变革的看法""我会和同事或下属探讨与变革相关的问题""我提出过与变革有关的建议并得到认可"。通过信度和效度检验可知，该量表具有较高的信度和效度。之后，较多学者采用 Kim 等（2011）开发的单维度量表，并证实其具有较高的信度和效度（朱其权、龙立荣，2011；Ghitulescu，2013；Kirrane et al.，2017）。该量表在中国情境下已得到广泛应用并被证实具有较高的信度和效度，如朱其权和龙立荣（2011）、王雁飞等（2021）、柏帅蛟（2016）等，他们将Kim 等（2011）开发的三题项量表应用于中国情境下的实证研究，被证明具有很好的信度和效度。本研究采用 Kim 等（2011）开发的量表进行相关测量和研究。本研究中，该量表的 Cronbach'α 为 0.932。

5.1.3　变革情感承诺和变革规范承诺

Herscovitch 和 Meyer（2002）研究发现，在变革承诺三因素模型中，变革情感承诺反映的是一种基于对变革的内在利益的信念而产生的强烈的支持变革的欲望，变革规范承诺反映的是一种基于外部规范而应该支持变革的责任感，而变革持续承诺来自对不支持变革相联系的成本和损失的信念。由此，Herscovitch 和Meyer（2002）认为，变革情感承诺和变革规范承诺与自发行为相关，反映的是积极的、具体的变革支持行为意向，而变革持续承诺只是服从和顺从，并不是主动性支持组织变革的意愿。本书主要关注的因变量——变革支持行为的主要特点是"在有计划的组织变革过程中，变革参与者表现出的积极自主支持组织变革并为组织变革成功做出贡献的具体支持变革的行为"。这一定义中的"积极自主"属性表明本书所强调的变革支持行为有别于那些迫于各种压力而表现出来的行为（如消极应对等）。变革情感承诺聚焦于组织成员对组织变革的"自由承诺"，变革规范承诺着重强调组织成员对组织变革的"规范承诺"（Herscovitch & Meyer，2002）。因此，变革情感承诺和变革规范承诺体现出了变革参与者对组织变革自愿性的支持承诺，从逻辑上讲，对变革参与者积极支持变革行为的形成具有更显著的作用（Fedor，2006；Jaros，2010）。因此，本书主要采用 Herscovitch 和 Meyer（2002）构建的变革承诺三因素模型中的变革情感承诺和变革规范承诺两个子维度来探讨变革承诺在悖论式领导行为与员工变革支持行为之间的中介作用，采用 Herscovitch 和 Meyer（2002）开发的变革情感承诺和变革规范承诺量表对变革情感承诺和变革规范承诺进行测量。其中，变革情感承诺共 6 个题项，代表性题项为"我相信此次变革是很有价值的""此次变革对公司来说是一个很好的战略""此次变革是基于一个非常重要的目标"；变革规范承诺也包含 6 个题项，代表性题项为"我感觉有责任努力推进此次变革""对我来说，抵制此次变革是不负责任的表现"。量表采用 Likert 5 点式，要求被调查者从 1（完全不同意）到 5（完全同意）对测量题项做出主观评价，分值越高表示支持变革的意愿越强烈。该量表在中国情境下已得到广泛应用并被证实具有较高的信度和效度，如柏帅蛟等（2017）、王冬冬和何洁（2019）、袁佳（2014）等，他们将 Herscovitch 和 Meyer（2002）开发的变革承诺三维度量表应用于中国情境下的实证研究，被证明具有很好的信度和效度。在本研究中，变革情感承诺和变革规范承诺测量量表的 Cronbach'α 分别为 0.874 和 0.868。

5.1.4 角色压力

Kahn 等（1986）提出了角色压力的概念，认为角色压力由一系列与角色有关的压力因素组合而成，包括角色冲突、角色模糊和角色超载三种压力源，并对这三种压力源进行了定义：角色冲突指的是个人同时面对两种或两种以上的角色期望，当要符合其中某一个期望时，却又会与另一个期望相抵触，于是产生了角色冲突；角色模糊指的是个体自身或者组织内外部环境的变化导致个体不清楚管理者对其的期望是什么，以及如何来达到这些期望；角色超载是指当一位角色当事人面临诸多客观而合理的角色期望，而自身的时间和能力条件又使其难以顺利完成预期的工作任务时，便会产生角色超载（Kahn et al.，1986）。

自从 Kahn 等（1986）提出角色压力的概念之后，角色压力便成为人力资源管理领域研究的热点问题，学者们围绕角色压力展开了大量的研究（Tracy & Johnson，1981；Harris，1991；Peterson et al.，1995；Cunningham & Eys，2007）。Peterson 等（1995）在西方学者的研究基础上开发了角色压力问卷测量量表，并在多个国家验证了量表的适用性，该问卷包含三部分：角色冲突（3 道题）、角色模糊（5 道题）和角色超载（5 道题）。李超平和张翼（2009）在国内修订了 Peterson 等（1995）编制的角色压力问卷。他们首先请来 4 名专家将 Peterson 等（1995）编制的问卷翻译成中文，再通过讨论确定中文稿；其次，请 13 名来自不同学校的教师填写问卷，对他们进行访谈，据此对部分文字表述进行修改，形成了角色压力问卷中文版初稿；最后，邀请两名英文专业的专家通过讨论将中文的问卷回译成英文，据此对中文版初稿进行适当调整，确定最终的中文问卷。李超平和张翼（2009）在国内对问卷进行试用并进行探索性因子分析，分析结果表明，他们所修订的问卷适用于中国情境并且具有较高的信度和效度。

李超平和张翼（2009）修订的问卷被用于测量角色压力的三个维度——角色冲突、角色模糊和角色超载，共包含 13 个题项，代表性题项为"我经常要面对一些目标彼此冲突的情形""我从两个或者更多的人那里接收到相互矛盾的要求""我不得不去面对一些不同的情形，并以不同的方式来做这些事情""我的工作负担过多"。本研究采用该量表进行测量，在本研究中，该量表的 Cronbach'α 为 0.893。

5.1.5　主动性人格

Bateman 和 Grant（1993）根据主动性人格的内涵，最早开发出主动性人格的测量量表，包含 17 个题项，初始信度为 0.89，重测信度为 0.72。之后，学者们在这个量表的基础上，根据不同的情境进行验证并不断修订，形成了几种不同的简化量表。Seibert 等（1999）根据因子载荷高低将题项简化和缩减为 10 个题项，经验证具有较高的信度，初始信度为 0.86。也有学者进一步将量表进行简化和缩减，如缩减为 6 题项（Paiker et al.，1999）或者 5 题项（Kickul & Grundy，2002）。但后来学者们通过不断研究和检验发现，缩减的量表在某些情境下测量其内部一致性时不理想，而最初 Bateman 和 Grant（1993）开发的 17 题项和 Seibert 等（1999）开发的 10 题项具有较高的信度和效度。

本研究采用 Seibert 等（1999）编制的主动性人格量表，该量表是一个单维度量表，共包含 10 个题项，代表性题项如"我总是寻找更好的做事方法""我一直在寻找新的方法来改善我的生活",本研究采用该量表进行测量。量表采用 Likert 5 点式,要求被调查者从 1(完全不同意)到 5(完全同意)对测量题项做出主观评价。该量表在中国情境下已得到广泛应用并被证实具有较高的信度和效度,如曹晓丽等(2021)、苗思意(2019)、赵冰璐(2019)等,他们将 Seibert 等(1999)编制的 10 个题项的量表应用于中国情境下的实证研究,被证明具有很好的信度和效度。在本研究中,该量表的 Cronbach' α 为 0.921。

5.1.6　控制变量

参照现有研究的普遍做法(Shin & Zhou,2007;Yang et al.,2017),为得到较为准确的研究结果,在研究的过程中,需要对一些可能会对结果造成影响的因素进行控制。本研究在对研究内容进行深入分析的基础上,通过对过去研究结果的汇总和整理,发现被调查者的基本信息(如性别、年龄、学历、工作年限等)会对个体态度和行为产生一定影响。因此,本研究将员工的相关人口统计变量——性别、年龄、学历和工作年限四个变量作为控制变量进行操作。

5.2　样本选择与数据收集

5.2.1　样本选择

本次调查的样本企业是来自东莞、南宁、百色、南昌、桂林等地的共 6 家企业,样本企业中,电子科技信息企业共 4 家、旅游服务企业 1 家、矿产资源开发企业 1 家,其中私营企业和国有企业各占 3 家,这些企业都正在经历不同程度的组织变革。本次问卷调查共向 65 位团队领导及其 422 位对应下属发放问卷,在收回问卷后,删除填写不规范、不完整或不满足配对要求的问卷,最后获得 58 位领导与 388 位直接下属的有效配对问卷,领导和下属的问卷回收率分别为 89.2% 和 92.0%。在样本群体中,来自国有企业的共 206 人,占样本总数的

46.2%；来自民营企业的共240人，占样本总数的53.8%。在样本结构方面，领导样本的基本情况如表5-1所示。性别方面，男性32人，占比55.2%，女性26人，占比44.8%，两者比例差别不大；年龄方面，主要集中在26~45岁，该区间的人数占总体调查人数的比例为89.7%；学历方面，拥有专科和本科学历的人数较多，共有51人，这两类学历人数占总体调查人数的比例为87.9%；工作年限方面，工作年限在6~10年的人数较多，共46人，占总体调查人数的79.3%。

表5-1　领导样本的基本信息

变量	个体特征	样本人数（人）	百分比（%）
性别	男	32	55.2
	女	26	44.8
年龄	25岁及以下	1	1.7
	26~35岁	24	41.4
	36~45岁	28	48.3
	45岁以上	5	8.6
学历	高中及中专以下	2	3.5
	专科	21	36.2
	本科	30	51.7
	硕士及以上	5	8.6
工作年限	0~5年	5	8.6
	6~10年	46	79.3
	10年以上	7	12.1

员工样本的基本情况如表5-2所示。性别方面，男性员工共218人，占比56.2%，女性员工共170人，占比43.8%，男女比例基本持平；年龄方面，45岁以下员工居多，总共占比86.3%，说明被调查企业员工相对年轻；学历方面，专科和本科人数较多，共286人，两者总共占比73.7%；工作年限方面，5年及以下工作年限员工人数占比40.2%，共156人，6~10年工作年限人数为137人，占总体调查人数的比例为35.3%，10年以上工作年限人数为95人，占总体调查人数的比例为24.5%。

表 5-2　员工样本的基本信息

变量	个体特征	样本人数（人）	百分比（%）
性别	男	218	56.2
	女	170	43.8
年龄	25 岁及以下	103	26.5
	26~35 岁	123	31.7
	36~45 岁	109	28.1
	45 岁以上	53	13.7
学历	高中及中专以下	97	25.0
	专科	138	35.6
	本科	148	38.1
	硕士及以上	5	1.3
工作年限	0~5 年	156	40.2
	6~10 年	137	35.3
	10 年以上	95	24.5

5.2.2　数据采集

本研究采用委托调查的方式进行问卷发放和收集，同时辅以邮件与电话方式及时联系和沟通。首先，与有紧密联系的企业管理人员取得联系，让该管理人员与其所在企业中的相应团队领导进行沟通，说明调研的目的和过程并声明此次调查所获取的数据仅作为学术研究使用，与被调查者的工作绩效考核和个人在组织内的晋升均无关系，问卷中填报的数据会被加密保存，非研究人员不能获得，数据仅用于学术统计分析使用，并且学术成果中不会出现原始的数据，通过强调问卷保密性的方式打消被调查者的顾虑，从而使问卷能呈现他们的真实想法。其次，在征得团队领导同意参与本调研的同时，让每个团队的领导选择 5~10 名直接下属参与本次问卷调研，并提供团队领导及其直接下属的电子邮箱和电话，以便此次调查得到跟踪服务。

为了尽可能降低同源方法偏差，提高数据质量，本研究通过发放"直属领导—员工"配对问卷，对问卷进行编码以确定领导—员工的配对关系。本研究在问卷发放和填写程序上进行了控制，问卷填答选择两个时间段采集数据，第一个时间段集中在 2022 年 5 月，这一阶段的调查主要是由研究者通过电子邮件向被调查员工发放电子问卷，问卷填写后，直接通过邮件回复给研究者。这一次的调查问卷由员工填写性别、年龄、工作年限、教育程度等人口统计特征变量以及悖论式领导行为和变革情感承诺、变革规范承诺、角色压力的问卷。第二次问卷发放和填写的时间为 2022 年 7 月，这一次的调查主要由委托调查的管理人员通过现场发放问卷方式进行。委托调查的管理人员将打印好的纸质调查问卷发放给上一次被调查的员工，由第一次完整填写问卷的员工填写主动性人格变量选项，并对问卷进行编码，与每一位调查对象的员工对应起来，再邀请他们的直接上级领导填写对应员工的变革支持行为问卷，这样可以确定领导—员工的配对关系，之后再将员工和领导的问卷由委托调查的管理人员统一回收并邮寄给研究者。上述两种调查方式均附有详细的问卷填写要求和说明，并特别向委托调查人员强调问卷匹配的准确性。

5.3　数据分析

5.3.1　同源偏差检验

同源方法偏差（Common Method Variance，CMV）是指同样的数据来源或评分者、同样的测量环境、同样的项目语境以及项目本身特征所造成的预测变量与效标变量之间的人为的共变性，是源于测量方法而不是研究构念的一种变异（Campbell & Fiske，1959；熊红星等，2012），可通过调查问卷设计和在调查过程中采取措施来尽量减少同源偏差对数据结构的影响（周浩、龙立荣，2004；熊红星等，2013），再通过事后方法来检验是否存在同源偏差，以保证结果的稳健性（Podsakoff et al.，1986）。其中，事前可通过多来源渠道获取数据和多时段采集数据的方式避免同源偏差，事后检验主要采用单因子检验法，最常用的是 Harman 单因子检验，即将同源的数据进行探索性因子分析，如果在不旋转情况下仅提取到一个因子，或者提取的第一个因子的累计方差过大，则表明存在严重的同源偏差，需要在后续的分析过程中加以控制（Saulsbury et al.，2011）。另外，还可以采用验证性因子分析技术将单因子模型与假设模型进行对比，如果单因子模型相比假设模型拟合结果更优，或者至少不比假设模型的显著性差，则认为存在严重的同源偏差（Harris & Mossholde，1996）。本研究在事前采取措施避免同源偏差，同时也在事后检验是否存在同源偏差，若存在同源偏差，则选用恰当方法进行处理。首先，本研究在问卷调查过程中选择多时段采集数据，分别于 2022 年 5 月和 2022 年 7 月两个时段进行问卷调查，并且通过领导与员工配对关系数据来源的多样性避免数据的同源方差问题。其次，对收集到的数据采用 Harman 单因子检验法进行检验，如表 5-3 所示，KMO 值为 0.851，大于常见标准 0.6（Bonett et al.，2015），并且 Bartlett 球形检验对应的 p 值为 0.000，小于 0.05 的判断标准，说明通过 Bartlett 球形检验，这些数据说明可以进行下一步的探索性因子分析。最后，对测量模型 6 个核心构念的共计 60 个题项进行探索性因子分析，如表 5-4 所示，特征根大于 1 的因子共 5 个，首个因子的特征值为 5.356，共解释了 28.156% 的方差，小于 Podsakoff 等（2003）建议的 40% 的临界标准，也小于因子总方差解释量 69.336% 的一半，即没有单一的因子能够解释绝大部分的变异量，说明本研究收集的数据不存在严重的同源方差问题，不会影响研究结论。

表 5-3　KMO 检验和 Bartlett 球形检验

取样足够度的 Kaiser-Meyer-Olkin 度量		0.851
Bartlett 球形检验	近似卡方	1504.429
	df	95.000
	Sig.	0.000

表 5-4 同源方差检验结果

成分	初始特征值		
	合计	方差百分比（%）	累计方差百分比（%）
1	5.356	28.156	28.156
2	2.518	15.845	44.001
3	1.364	9.085	53.086
4	1.125	8.246	61.332
5	1.321	8.004	69.336

5.3.2 信度检验

信度水平是用于衡量测量量表是否具有良好的一致性的指标，通常以内部一致性系数（Cronbach's α）来衡量所考察量表的信度水平，根据管理学研究对于 α 系数边界值的界定，α 系数在 0.8~0.9 为最佳（Podsakoff et al.，2003）。本研究采用的量表共有悖论式领导行为、变革支持行为、变革情感承诺、变革规范承诺、角色压力、主动性人格 6 个变量，均采用国内外权威期刊发表的成熟量表，并且多次被学者验证具有较高信度。在本研究中，悖论式领导行为、变革支持行为、变革情感承诺、变革规范承诺、角色压力、主动性人格的 α 系数分别为 0.857、0.910、0.865、0.878、0.881、0.902，α 系数均在 0.8~0.95，说明本研究选用的测量工具都具有良好的信度水平。

5.3.3 区分效度检验

区分效度是指不同变量的测量指标能彼此区别开，反映在区别效度数值上。本研究调查数据来源于不同地区的不同企业，同时选择多时点收集问卷，在一定程度上减少了同源偏差问题。另外，上文对采集数据进行的 Harman 单因子检验也证实了研究数据不存在严重同源偏差问题。

为了进一步验证本研究的变量之间是否具有良好的区分效度，继续进行验证性因子分析，本研究采用竞争模型技术对模型中涉及的 6 个变量进行验证性因子分析来检验各个变量的区分效度，通过对悖论式领导行为、变革支持行为、变革情感承诺、变革规范承诺、角色压力和员工主动性人格这 6 个变量进行不同组合，构建 6 个竞争模型来对比。考虑到估计参数与样本量之间的关系，采用随机法（Random Assignment）进行因子打包，其中，六因子模型是将本研究模型中 6 个变量作为独立的因子；五因子模型则将其中两个变量进行合并，其余 4 个变量为独立因子，以此类推，单因子模型则是将 6 个变量全部合并为一个因子。模型拟合度评价指标包括卡方值（χ^2/df）、近似误差均方根（RMSEA）、适配度指数（GFI）、比较拟合指数（CFI）、递增拟合指标（IFI）、非规范拟合指数（TLI）。根据 Marsh 等（1996）和温忠麟等（2004）的建议，若评价指标 χ^2/df 在 1~5，RMSEA 小于 0.08，GFI、CFI、IFI 和 TLT 这四个评价指标值均大于 0.85，则模型的拟合度良好。

本研究采用 Amos 22.0 对 6 个变量进行验证性因子分析，结果如表 5-5 所示。由分析结果可知，六因子模型拟合度最优，各项指标值均符合要求，拟合度指标卡方值在 1~5（$\chi^2/df = 2.175$），适配度指数、比较拟合指数、递增拟合指标和非规范拟合指数均大于 0.8（GFI = 0.896，CFI = 0.912，IFI = 0.902，TLI = 0.917），近似误差均方根小于判断临界值 0.08（RMSEA = 0.055）。各项指标均达到拟合度优值标准。

五因子模型拟合度值为：$\chi^2/df = 2.892$，GFI = 0.762，IFI = 0.654，TLI = 0.652，CFI = 0.356，RMSEA = 0.092。在这些指标值分析结果中，卡方值符合位于 1~5 的临界标准（$\chi^2/df = 2.892$），但五因子模型的适配度指数、比较拟合指数、递增拟合指标和非规范拟合指数均小于 0.8，另外，近似误差均方根大于 0.08（RMSEA = 0.092），超过了 0.08 的标准值，说明五因子模型拟合度不符合要求。同理，进一步推断，相比其他的因子模型，本研究的六因子模型具有更优的效度，各项拟合度指标均达到可接受的水平，由此表明本研究模型中的 6 个变量之间具有较好的区分效度，研究模型拟合度佳，说明各个变量定义清晰、区分效度良好，可进行后续的假设检验。

表 5-5　验证性因子分析结果

模型	因子	χ^2/df	GFI	IFI	TLI	CFI	RMSEA
六因子模型	A、B、C、D、E、F	2.175	0.896	0.902	0.917	0.912	0.055
五因子模型	A、B+C、D、E、F	2.892	0.762	0.654	0.652	0.356	0.092
四因子模型	A、B+C、D+E、F	2.583	0.765	0.778	0.770	0.783	0.096
三因子模型	A+B+C、D+E、F	3.742	0.664	0.659	0.704	0.723	0.102
二因子模型	A+B+C、D+E+F	5.632	0.548	0.481	0.5	0.527	0.127
单因子模型	A+B+C+D+E+F	6.633	0.482	0.388	0.392	0.424	0.14
各项指标判定值		<2.5	>0.85	>0.85	>0.85	>0.85	<0.08

注：A、B、C、D、E、F分别代表悖论式领导行为、变革支持行为、变革情感承诺、变革规范承诺、角色压力、主动性人格；"+"代表前后两个因子合并。

5.3.4　描述性统计分析

在验证了量表的有效性后，本节将采用 SPSS 22.0 对悖论式领导行为、变革情感承诺、变革规范承诺、角色压力、变革支持行为、主动性人格等变量进行描述性统计分析。表 5-6 给出了各变量的平均值、标准差等描述性统计分析结果，这些指标结果能够呈现出样本的情况，为后续的分析选择估计方法提供统计证据。其中，均值为各变量所包含题项的平均得分，基于此计算变量间的相关系数。

如表 5-6 所示，悖论式领导行为的均值为 3.31，变革情感承诺的均值为 3.20，变革规范承诺的均值为 2.99，角色压力的均值为 2.98，主动性人格的均值为 3.43，变革支持行为的均值为 3.76。从这些变量测量的均值可以发现，6 个主要变量中有 4 个变量的均值略高于量表的中间值 3，另外 2 个变量的均值略低于中间值 3，因此数据并未严重偏离正态分布。

变量之间的相关系数能够为假设检验提供初步的证据。表 5-6 的数据显示，悖论式领导行为与员工变革支持行为显著正相关（$r=0.18$，$p<0.01$），与员工变革情感承诺（$r=0.51$，$p<0.01$）显著正相关，与员工变革规范承诺显著正相关（$r=0.50$，$p<0.01$），与角色压力显著正相关（$r=0.46$，$p<0.01$），表明悖论式领导行为与变革情感承诺、变革规范承诺、角色压力及变革支持行为之间分别存在正向相互影响。

　　变革支持行为与变革情感承诺呈显著的正相关关系（r=0.52，p<0.01），与变革规范承诺呈显著的正相关关系（r=0.51，p<0.01），与角色压力呈显著的负相关关系（r=−0.43，p<0.01），说明变革情感承诺和变革规范承诺与变革支持行为之间存在正向相互影响，角色压力与变革支持行为之间存在负向相互影响。

　　主动性人格与变革情感承诺显著正相关（r=0.26，p<0.01），与变革规范承诺显著正相关（r=0.12，p<0.05），与角色压力显著负相关（r=−0.28，p<0.05），表明主动性人格与变革情感承诺、变革规范承诺存在正向相互影响关系，与角色压力存在负向影响关系。

　　相关关系只能初步判断两个变量之间存在一定的影响关系，无法由此判断两个变量之间的因果关系，但变量之间的相关关系及其显著性为变量之间的因果关系及理论模型合理性提供了重要依据，为进一步的研究假设验证奠定了基础。

表 5-6　研究变量的描述统计和 Pearson 相关性

变量	M	SD	1	2	3	4	5	6
1. 悖论式领导行为	3.31	0.77	1					
2. 变革情感承诺	3.20	1.08	0.51**	1				
3. 变革规范承诺	2.99	0.86	0.50**	0.38**	1			
4. 角色压力	2.98	1.06	0.46**	0.031	0.16	1		
5. 主动性人格	3.43	0.91	0.12	0.26**	0.12*	−0.28*	1	
6. 变革支持行为	3.76	0.95	0.18**	0.52**	0.51**	−0.43**	0.30*	1

　　注：** 表示 $p<0.01$，* 表示 $p<0.05$。

5.4　假设检验

5.4.1　资源增益路径的中介作用与调节作用检验

5.4.1.1　直接效应和中介效应检验

本研究采用 Baron 和 Kenny（1986）推荐的层级回归方法，通过软件 SPSS

22.0 检验中介效应，并采用 Preacher（2004）和陈瑞等（2013）推荐的 Bootstrap 方法在 SPSS 中插入 Process 方式进一步检验直接效应和双中介作用的间接效应。

首先，检验自变量与因变量的主效应关系。由表 5-7 中 M6 可知，控制性别、年龄、学历和工作年限之后，悖论式领导行为对员工变革支持行为有显著正向影响（$\beta = 0.415$，$p < 0.001$），检验结果表明悖论式领导行为正向影响员工变革支持行为。

其次，检验变革情感承诺和变革规范承诺的中介效应。本研究根据 Baron 和 Kenny（1986）的中介效应检验步骤，一是检验自变量与因变量的关系。发现悖论式领导行为对员工变革支持行为存在显著影响，由此可知，悖论式领导行为与员工变革支持行为之间存在直接的影响效应。二是检验自变量与中介变量的关系。由 M2 和 M4 可知，悖论式领导行为正向影响员工变革情感承诺（$\beta = 0.343$，$p < 0.001$），H1 得到验证。加入变革规范承诺后，由 M4 可知，悖论式领导行为与员工变革规范承诺（$\beta = 0.396$，$p < 0.001$）也呈现显著的正向影响关系，H3 得到验证。三是加入中介变量，检验自变量对因变量的影响效应是否消失或减弱。由表 5-7 中 M7 和 M8 可知，与 M6 相比，M7 和 M8 的总体解释力度提高，加入变革情感承诺后，中介变量变革情感承诺显著地正向影响员工变革支持行为（$\beta = 0.522$，$p < 0.001$），而悖论式领导行为对员工变革支持行为的影响仍然显著，但明显减少（$\beta = 0.350$，$p < 0.001$），证明员工变革情感承诺在悖论式领导行为与员工变革支持行为之间起部分中介作用，H2 得到验证；加入变革规范承诺后，变革规范承诺显著正向影响员工变革支持行为（$\beta = 0.321$，$p < 0.001$），而悖论式领导行为对员工变革支持行为的影响仍然显著，但明显减少（$\beta = 0.161$，$p < 0.001$），证明员工变革规范承诺在悖论式领导行为与员工变革支持行为之间起部分中介作用，H4 得到验证。

为进一步检验变革情感承诺和变革规范承诺在悖论式领导行为和员工变革支持行为之间的中介作用，本书参照 Preacher（2004）和陈瑞等（2013）推荐的方法，在 SPSS 中插入 Process 插件进行 Bootstrap 检验，设置随机抽取样本为 5000 次，置信水平为 95%。结果如表 5-8 所示，变革情感承诺的间接效应在 95% 的置信区间下不包含 0，即变革情感承诺的中介效应显著，并且效应大小为 0.452；控制了中介变量变革情感承诺后，自变量悖论式领导行为对因变量员工变革支持行为的直接效应也显著，95% 的置信区间下不包含 0；变革规范承诺的间接效应在 95% 的置信区间下不包含 0，即变革规范承诺的中介效应显著，并且效应大小为 0.572；控制了中介变量变革规范承诺后，自变量悖论式领导行为对因变量员工变革支持行为的直接效应也显著，95% 的置信区间下不包含 0。由此进一步证实了变革情感承诺和变革规范承诺在悖论式领导行为和员工变革支持行为之间起到部分中介作用，H2 和 H4 得到进一步的验证。

表 5-7　层级回归分析结果：变革承诺的中介作用

变量	变量名称	变革情感承诺		变革规范承诺		变革支持行为			
		M1	M2	M3	M4	M5	M6	M7	M8
控制变量	员工性别	0.015	0.041	0.042	0.081	0.081	0.073	0.088	0.075
	员工年龄	0.016*	0.016	0.018	0.071	0.077	0.053	0.085	0.084
	员工学历	−0.037	−0.018	−0.008	−0.012	0.056	0.025	0.037	0.065
	共事年限	0.055	0.073	0.080	0.034	0.052	0.060	0.080	0.077
自变量	悖论式领导行为		0.343***		0.396***		0.415***	0.350***	0.161***
中介变量	变革情感承诺							0.522***	
	变革规范承诺								0.321***
R^2		0.013	0.274	0.272	0.358	0.046	0.292	0.212	0.220
F		1.253	28.869***	6.732***	35.462***	4.614***	31.514***	33.825***	30.959***
ΔR^2		0.013	0.261	0.260	0.345	0.046	0.335	0.046	0.242
ΔF		6.968**	126.968***	2.598**	138.238***	3.678*	121.204***	95.431***	113.432***

注：*** 表示 $p<0.001$，** 表示 $p<0.01$，* 表示 $p<0.05$。

表 5-8　变革承诺中介作用的 **Bootstrap** 检验结果

变量	变革情感承诺			变革规范承诺		
	β	Boot SE	95%置信区间	β	Boot SE	95%置信区间
直接效应	0.1047	0.033	[0.303, 0.619]	0.068	0.032	[0.203, 0.518]
间接效应	0.452	0.052	[0.345, 0.673]	0.572	0.049	[0.306, 0.6320]

5.4.1.2　调节效应检验

首先，按照层级回归方法，检验员工主动性人格的调节作用，为避免共线性问题，对悖论式领导行为、员工主动性人格进行中心化处理后构建乘积项，结果如表 5-9 所示。由 M9 可知，加入悖论式领导行为和员工主动性人格后，两变量的交互项对员工变革情感承诺影响效应的解释程度显著增加（$\Delta R^2 = 0.036$）。由 M10 可知，控制人口统计变量后，悖论式领导行为和员工主动性人格的交互项对员工变革情感承诺具有显著正向影响（$\beta = 0.501$，$p < 0.001$），H8 得到验证。由 M11 可知，加入悖论式领导行为和主动性人格之后，两变量对员工变革规范承诺影响效应的解释程度显著增加（$\Delta R^2 = 0.303$）。由 M12 可知，在控制了员工人口统计变量后，悖论式领导行为和员工主动性人格的交互项对员工变革规范承诺的正向影响显著（$\beta = 0.489$，$p < 0.001$），H9 得到验证。研究结果表明，主动性人格正向调节悖论式领导行为与变革情感承诺和变革规范承诺的正向关系，员工主动性人格越高，悖论式领导行为对员工变革情感承诺和变革规范承诺的影响作用就越大。

其次，为了验证被中介的调节效应，参照 Preacher（2004）和陈瑞等（2013）推荐的方法，在 SPSS 中插入 Process 插件进行 Bootstrap 检验，设置随机抽取样本为 5000 次，置信区间为 95%，结果如表 5-10 所示。

表 5-9 层级回归分析结果：员工主动性人格的调节效应

变量	变量名称	变革情感承诺		变革规范承诺	
		M9	M10	M11	M12
控制变量	员工性别	0.135	0.141	0.068	0.089
	员工年龄	−0.056	−0.068	−0.068	−0.032
	员工学历	0.532	0.581	0.633	0.354
	共事年限	0.586	0.682	0.621	0.355
自变量	悖论式领导行为	0.631 ***	0.560	0.452 ***	0.536 ***
调节变量	员工主动性人格	0.351 ***	0.521	0.364	0.535
交互项	悖论式领导行为×员工主动性人格		0.501 ***		0.489 ***
	R^2	0.356	0.366	0.421	0.313
	F	5.631 ***	11.134 ***	6.252 ***	12.332 ***
	ΔR^2	0.036	0.267	0.303	0.109
	ΔF	6.968 **	15.631 ***	5.451 ***	12.232 ***

注：***表示 $p<0.001$，**表示 $p<0.01$，*表示 $p<0.05$。

变革情感承诺中介了悖论式领导行为与员工变革支持行为的关系，并且在低、中、高三个不同水平员工主动性人格调节下，变革情感承诺的中介效应都显著，置信区间分别为 [0.039，0.168]、[0.106，0.227] 和 [0.184，0.389]，均不包含 0，间接效应值由低到高，分别为 0.105、0.166 和 0.288。研究结果表明，主动性人格水平越高，变革情感承诺在悖论式领导行为和员工变革支持行为之间的中介作用越强，由此 H10 得到验证，即员工主动性人格正向调节变革情感承诺在悖论式领导行为与员工变革支持行为之间的中介作用。

表 5-10 显示，变革规范承诺中介了悖论式领导行为与员工变革支持行为的关系，并且在低、中、高三个不同水平员工主动性人格调节下，变革规范承诺的中介效应都显著，置信区间分别为 [0.009，0.135]、[0.079，0.202] 和 [0.183，0.378]，均不包含 0，间接效应值由低到高，分别为 0.068、0.139 和 0.280。研究结果表明，员工主动性人格越高，变革规范承诺在悖论式领导行为和员工变革支持行为之间的中介作用越强，由此 H11 得到验证，即员工主动性人格正向调节变革规范承诺在悖论式领导行为与员工变革支持行为

之间的中介作用。

表 5-10　变革承诺被中介的调节效应检验结果

中介变量	调节变量	间接效应（β）	Boot SE	LLCI	ULCI
变革情感承诺	主动性人格（低）	0.105	0.033	0.039	0.168
	主动性人格（中）	0.166	0.031	0.106	0.227
	主动性人格（高）	0.288	0.052	0.184	0.389
变革规范承诺	主动性人格（低）	0.068	0.032	0.009	0.135
	主动性人格（中）	0.139	0.031	0.079	0.202
	主动性人格（高）	0.280	0.049	0.183	0.378

为了直观地表明主动性人格的调节效应，本书参考 Cohen 等（2014）推荐的方法，分别在主动性人格水平高于均值和低于均值一个标准差水平的基础上，绘制了不同水平主动性人格的员工针对悖论式领导行为做出的变革情感承诺和变革规范承诺的反应差异，具体如图 5-1 和图 5-2 所示。

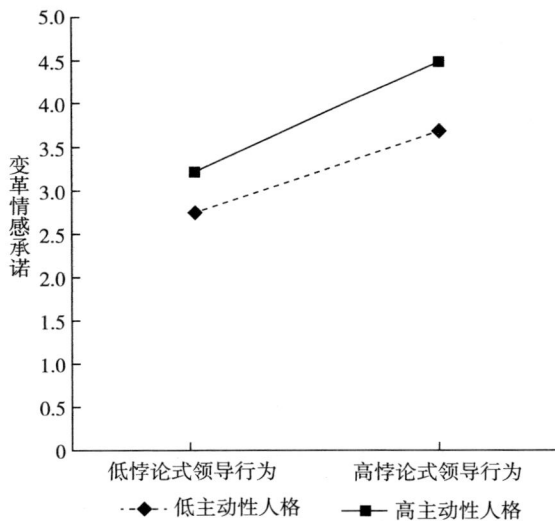

图 5-1　主动性人格对悖论式领导行为和变革情感承诺关系的调节作用

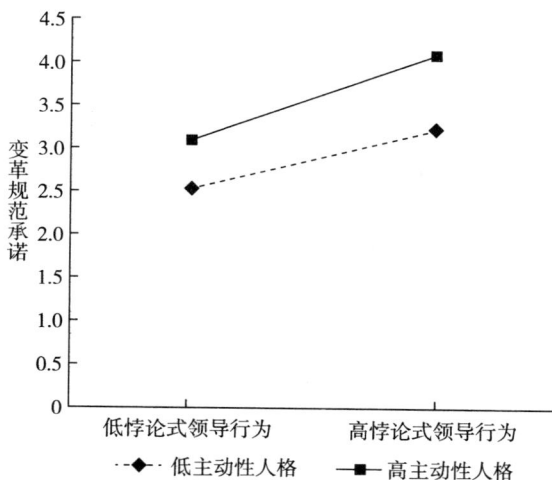

图 5-2　主动性人格对悖论式领导行为和变革规范承诺关系的调节作用

5.4.2　角色压力的中介作用与调节作用检验

5.4.2.1　角色压力的中介效应检验

与上述检验方法相同，本章采用 Baron 和 Kenny（1986）推荐的层级回归方法，通过软件 SPSS22.0 检验中介效应，并采用 Preacher（2004）和陈瑞等（2013）推荐的 Bootstrap 方法在 SPSS 中插入 Process 方式进一步检验有调节的中介作用。

首先，检验自变量与因变量的主效应关系。本章上一节检验变革情感承诺和变革规范承诺中介作用的过程中，已证实了悖论式领导行为对员工变革支持行为的直接影响效应。本次检验角色压力在悖论式领导行为与员工变革支持行为关系中的中介作用，由表 5-11 中 M4 可知，控制性别、年龄、学历和工作年限之后，悖论式领导行为对员工变革支持行为具有显著正向影响（$\beta=0.358$，$p<0.001$）。其次，验证自变量与中介变量之间的关系。由表 5-11 中 M1 可知，悖论式领导行为对员工角色压力具有显著正向影响（$\beta=0.274$，$p<0.001$），因此 H5 得到验证。由 M5 可知，角色压力显著负向影响员工变革支持行为（$\beta=-0.241$，$p<0.001$），H6 得到验证。最后，验证中介变量是否完全中介。同时将自变量和中

介变量加入 M6 中，中介变量角色压力负向影响员工变革支持行为（β=−0.362，p<0.001），同时，悖论式领导行为对员工变革支持行为的影响并未消失，仍有显著正向影响但影响效应明显减弱（β=0.055，p<0.001），证明了角色压力在悖论式领导行为和员工变革行为之间起到部分中介作用。由此，H7 得到验证。

表 5-11　层级回归分析结果：角色压力的中介和调节效应检验

变量	变量名称	角色压力			员工变革支持行为		
		M1	M2	M3	M4	M5	M6
控制变量	员工性别	−0.015	−0.041	−0.042	0.081	0.073	0.088
	员工年龄	0.016 *	0.016	0.018	−0.077	−0.053	−0.085
	员工学历	−0.037	−0.018	−0.008	−0.056	−0.025	−0.037
	共事年限	0.045	0.043	0.040	0.052	0.030	0.030
自变量	悖论式领导行为	0.274 ***	0.561 ***	0.454 **	0.358 ***		0.055 ***
中介变量	角色压力					−0.241 ***	−0.362 ***
调节变量	员工主动性人格		0.164 **	−0.178 **			
交互项	悖论式领导行为×员工主动性人格			−0.136 **			
	R²	0.322	0.348	0.364	0.210	0.356	0.380
	F	26.732 ***	24.894 ***	22.788 ***	14.964 ***	31.077 **	28.554 ***
	ΔR²	0.286	0.026	0.016	0.203	0.349	0.169
	ΔF	118.658 ***	10.963 **	6.968 **	72.163 ***	152.127 ***	76.423 ***

注：*** 表示 p<0.001，** 表示 p<0.01，* 表示 p<0.05。

为进一步检验角色压力在悖论式领导行为和员工变革支持行为之间的中介作用，本章参照 Preacher（2004）和陈瑞等（2013）推荐的方法，在 SPSS 中插入 Process 插件进行 Bootstrap 检验，设置随机抽取样本为 5000 次，置信水平为 95%。结果如表 5-12 所示，在 95% 置信水平上其置信区间不包含 0，员工角色压力的中介效应显著（LLCI=−0.082，ULCI=−0.002），表明员工角色压力在悖论式领导行为与员工变革支持行为之间发挥中介作用，H3 得到验证。控制住角色压力的间接作用后，悖论式领导行为与员工变革支持行为之间的直接效应也显著，95% 水平的置信区间不包含 0，进一步验证了角色压力在悖论式领导行为与员工变革支持行为之间起到部分中介作用。

表 5-12　角色压力中介作用的 Bootstrap 检验结果

效应类型	效应值	标准误	95%置信区间	
			下限	上限
总效应	−0.139	0.056	−0.262	−0.032
直接效应	−0.008	0.045	−0.185	−0.008
间接效应	−0.131	0.018	−0.082	−0.002

5.4.2.2　主动性人格的调节效应检验

为了检验主动性人格在悖论式领导行为与角色压力之间的调节作用，根据层级回归方法，首先将变量进行中心化处理，然后构建乘积项，结果如表 5-11 所示，由 M3 可知，悖论式领导行为与主动性人格的交互项对角色压力具有显著负向影响（$\beta = -0.136$，$p < 0.01$），H12 得到验证。

为了验证被中介的调节效应，参照 Preacher（2004）和陈瑞等（2013）推荐的方法，在 SPSS 中插入 Process 插件进行 Bootstrap 检验，设置随机抽取样本为 5000 次，置信区间为 95%。结果如表 5-13 所示。当员工主动性人格水平低时，员工角色压力在悖论式领导行为与员工变革支持行为之间的间接作用显著；当员工主动性人格处于较高水平时，该间接作用不显著。高低组差异显著，表明员工主动性人格负向调节员工角色压力在悖论式领导行为与员工变革支持行为之间的中介作用，H13 得到验证。

表 5-13　角色压力被中介的调节效应检验结果

中介变量	调节变量	间接效应（β）	标准误	LLCI	ULCI
角色压力	主动性人格（低）	−0.071	0.035	−0.178	−0.132
	主动性人格（高）	−0.016	0.032	−0.102	0.008
	高低组差异	0.055	0.024	0.005	0.016

为了直观地展示员工主动性人格的调节效应，按照 Aiken 和 West（1991）建议的程序，以调节变量加减一个标准差为分组标准，绘制员工主动性人格在悖论式领导行为与角色压力关系中的调节效应图，如图 5-3 所示。简单的斜率分析（Aiken & West，1991）表明，员工主动性人格水平低时，悖论式领导行为对员工角色压力的正向影响显著高于员工主动性人格水平高时悖论式领导行为对员工角色压力的正向影响，即员工主动性人格负向影响了悖论式领导行为与员工角色压力之间的影响关系。

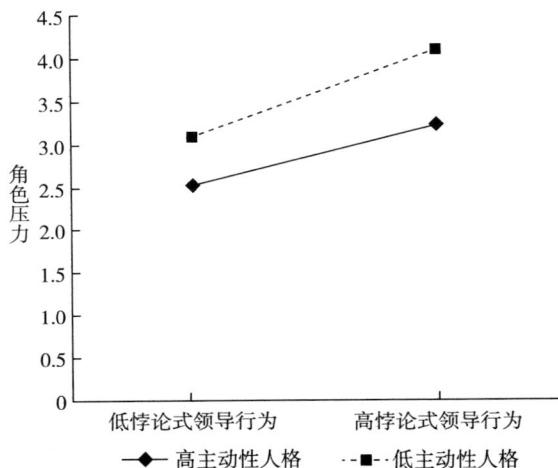

图 5-3　主动性人格对悖论式领导行为和角色压力关系的调节作用

5.5　假设检验结果汇总

综上所述，主效应部分和中介效应部分的研究假设均得到了验证，调节部分的研究假设也得到全部验证，假设检验结果汇总于表 5-14 中。

表 5-14　假设验证结果汇总

序号	研究假设	结果
H1	悖论式领导行为正向影响员工变革情感承诺	支持
H2	员工变革情感承诺在悖论式领导行为与员工变革支持行为的关系中起部分中介作用	支持
H3	悖论式领导行为正向影响员工变革规范承诺	支持
H4	员工变革规范承诺在悖论式领导行为与员工变革支持行为的关系中起部分中介作用	支持
H5	悖论式领导行为正向影响员工角色压力	支持
H6	员工角色压力负向影响员工变革支持行为	支持
H7	员工角色压力在悖论式领导行为与员工变革支持行为关系中起部分中介作用	支持
H8	员工主动性人格正向调节悖论式领导行为与员工变革情感承诺之间的关系	支持
H9	员工主动性人格正向调节悖论式领导行为与员工变革规范承诺之间的关系	支持
H10	员工主动性人格正向调节员工变革情感承诺在悖论式领导行为和员工变革支持行为之间的中介作用	支持
H11	员工主动性人格正向调节员工变革规范承诺在悖论式领导行为和员工变革支持行为之间的中介作用	支持
H12	员工主动性人格负向调节悖论式领导行为与员工角色压力之间的关系	支持
H13	员工主动性人格负向调节员工角色压力在悖论式领导行为与员工变革支持行为之间的中介作用	支持

5.6　研究结论对华为案例的启示

随着环境日益复杂和不确定，传统"非此即彼"的领导行为难以应对组织复杂性管理问题（Zhang et al.，2015），在复杂、动态、易变环境下进行组织变革需要领导具备矛盾驾驭能力，采用矛盾两面性处理思维的悖论式领导行为，如此才能有效平衡组织变革中常见的矛盾冲突共存的问题（刘善堂、刘洪，2015；Zhang et al.，2015）。华为创始人任正非强调"任何事物都有对立统一的两面，管理上的灰度，是我们的生命之树"（任正非，2010）。众多学者对华为进行案例研究，认为华为创始人任正非的灰度管理理论是企业家悖论式领导行为在中国本土企业的成功管理实践（武亚军，2013；陈海英，2017，魏江茹等，2020）。本书第 3 章对华为案例资料和华为员工访谈资料进行编码，证实华为在 IPD 项目组织变革期间的领导行为表象具有系统整体思维和矛盾优化整合行为特征，员工感知到的领导行为特征符合已有关于悖论式领导行为的概念界定，表明在 IPD 组织变革期间的华为领导行为是悖论式领导行为。在围绕组织变革期间员工对领导行为感知及员工变革态度和行为反应的访谈中，部分员工表现出积极的变革态度和行为反应，但同时也存在部分员工表现出消极的变革态度和行为反应。结合已有的关于悖论式领导行为对员工行为绩效可能同时存在积极影响和消极影响路径的研究结论（Shao et al.，2019；李锡元、夏艺熙，2022），根据悖论式领导行为本身具有的矛盾双面性特征，及其可能对员工行为反应出现两面性影响的理论推理，本书认为组织变革过程中悖论式领导行为可能同时存在积极和消极两条路径影响员工变革支持行为的产生。

本章通过问卷调查选择正在经历组织变革的 6 家企业进行领导—员工配对收集数据，然后对数据进行统计分析，研究发现：悖论式领导行为通过员工变革情感承诺和变革规范承诺的中介作用积极影响员工变革支持行为，员工主动性人格正向调节悖论式领导行为与员工变革情感承诺、变革规范承诺的关系，并且正向调节员工变革情感承诺和变革规范承诺的中介作用；悖论式领导行为通过员工角色压力的中介作用消极影响员工变革支持行为，员工主动性人格负向调节悖论式领导行为与员工角色压力的关系，并且还负向调节了员工角色压力的中介作用。本章的研究结论表明，悖论式领导行为对员工变革支持行为的双刃剑影响是存在边界条件的，取决于员工主动性人格的高低。当员工主动性人格水平低时，员工角色压力在悖论式领导行为与员工变革支持行为之间的间接作用显著；当员工主动性人格处于较高水平时，该间接作用不显著。本章的研究结果表明，若员工具有较高的主动性人格，那么悖论式领导行为与员工变革支持行为呈正向关系，两者之间不存在双刃剑关系。这个结论解释了华为变革过程中虽然存在不同意见和态度，但是因为员工主动性人格高，所以华为组织变革过程中悖论式领导行为对员工变革支持行为的总效应呈正向关系，当员工主动性人格水平较高时，悖论式领导行为正向促进员工变革支持行为的产生。

对华为案例资料的分析发现，华为公司将员工主动性作为识人选人的首要条件要素（冉涛，2019）。在 IPD 项目变革期间，华为成立了变革委员会、变革项目管理办公室和变革小组，变革委员会主席由时任华为董事长孙亚芳担任，委员会成员由公司各一级部门的一把手出任，变革项目组成员来自华为各业务线上的骨干员工。由此可见，华为 IPD 变革项目组成员均为各部门关键人员，这些人员在业务部门担任一定的管理岗位，按照主动性是华为公司识人用人首要条件的原则，华为组织变革项目小组成员均具有较高水平的主动性人格，本书第 3 章对华为员工进行访谈资料编码的结果也证实了华为员工具有较高的工作主动性，能够提前做好规划和安排，积极主动探索和寻求问题解决办法，这些行为特征均是高主动性人格所具有的积极主动改变外部环境、不受环境影响的行为倾向。根据本章实证检验的结果，员工高水平主动性人格能强化悖论式领导行为对员工变革支持行为的积极影响作用，削弱悖论式领导行为对员工变革支持行为的消极影响作用。华为 IPD 变革期间，变革小组成员具有较高水平的主动性人格，最终强化了悖论式领导行为对员工变革支持行为的积极影响效应，弱化了悖论式领导行为对员工变革支持行为的消极影响作用，因此，华为 IPD 组织变革过程中悖论式领导行为对员工变革支持行为的总效应显示出正向作用。

事实上，根据吴晓波（2017）所述，华为组织变革初期并未让全体公司员工参与到变革中来，而是通过成立变革委员会和变革项目小组的方式，挑选出具有较高变革意愿的人参与进来，即变革初期的变革成员均具有较高水平的主动性人格，这些变革成员积极参与变革并为推动变革成功做出积极贡献。变革项目在经过一段时间变革试点成功后，将试点做成样板供员工参观和学习，变革试点的成功典范增强了员工变革效能感，促进员工形成变革情感承诺。另外，华为领导做好表率作用，在变革中总是充当"第一个吃螃蟹的人"。领导的带头作用一定程度上提高了员工变革效能感（张寒，2019），促进员工形成变革情感承诺，华为领导关心和尊重员工，这点在案例访谈中也得到充分证实，增强了员工变革规范承诺。华为变革试点成功后通过以上相关管理策略提高全体员工变革积极性后，按照变革试点模板全面推行项目的变革活动，与此同时，华为领导通过意会和带头榜样的作用影响员工，使公司集体员工在全面推行变革期间积极支持计划性组织变革并做出自己的贡献，最终使整个变革过程顺利实施。

根据本章实证分析结果，结合华为 IPD 变革的案例分析，证实了悖论式领导对员工变革支持行为具有的双刃剑效应是存在边界条件的，即是否存在双刃剑效应可能取决于员工主动性人格水平的高低。陈海啸和关浩光（2021）也指出，不是所有的员工都能适应悖论式领导行为方式，对于矛盾思维水平低的员工，悖论式领导行为产生的积极效应变得不显著。本书研究结论进一步呼应了前期学者的研究结论。

第6章 结论与讨论

当前全球经济发展正经历前所未有的变革动荡期，企业需要不断变革才能适应快速变化的外部环境，企业组织变革已成为常态。员工变革支持行为是组织变革成功的关键要素（Kim et al.，2011），在影响员工变革支持行为的前因要素中，领导因素被认为是最重要的因素之一，因为领导控制组织关键资源，能够直接影响组织制度和组织文化，对员工行为和态度的反应产生重要影响（王雁飞等，2021）。但以往关于领导与员工变革支持行为关系的研究主要关注"非此即彼"的领导行为，较少关注具有矛盾整合特性的悖论式领导行为与员工变革支持行为的关系。悖论式领导行为被认为是较能有效应对组织复杂性，较能有效解决组织管理中的矛盾悖论问题的一种新型领导行为风格（刘善堂、刘洪，2015；Zhang et al.，2015），悖论式领导行为在我国本土企业中得到有效实践并被证实能推动组织变革成功（武亚军，2013；吴晓波，2017）。但关于悖论式领导行为与员工变革支持行为关系的研究目前仍十分匮乏，有研究表明，悖论式领导行为并不是在任何时候、任何情境下都能对员工行为绩效起到积极作用，在特定条件下也可能起到消极作用（Shao et al.，2019；李锡元、夏艺熙，2022）。那么，在组织变革情境下，悖论式领导行为对员工变革支持行为的影响作用机制如何？其作用机制和边界条件是怎样的？为了回答这些问题，本书采用定性研究和定量研究相结合的方法进行研究，得出一些有创新性的结论，具有一定的理论和实践意义，但本书的研究也存在一些局限性，未来还可以继续拓展相关的研究。

6.1　研究结论

本书先对典型代表企业华为公司进行单案例研究，对华为员工的访谈资料及相关的二手数据进行程序化的扎根理论编码，发现华为 IPD 组织变革过程中领导管理策略和领导行为表现出全局观的整体系统思维、复杂系统认知和矛盾悖论整合行为特征，符合已有研究关于悖论式领导行为的定义，表明华为 IPD 组织变革过程中的领导具有悖论式领导行为表征。本书围绕组织变革过程中对领导行为感知和认知以及员工变革态度和行为反应的相关话题对华为员工进行访谈，将访谈资料整理成文字后进行编码，结果发现，员工在组织变革过程中受到领导行为的影响，部分员工产生积极的变革态度和行为反应，但是也有部分员工表现出消极的变革态度和行为反应。案例研究部分表明悖论式领导行为可能对员工变革支持行为产生双刃剑效应，证实了有必要将悖论式领导引入组织变革领域，进一步深入研究悖论式领导行为对员工行为绩效的效用及边界条件。为了进一步检验悖论式领导行为是否对员工变革支持行为产生双刃剑效应，以及悖论式领导行为对员工变革支持行为的影响机理和边界条件是怎样的，本书在案例研究基础上，结合已有的相关研究文献构建理论模型，再对 6 家正处于变革期的企业通过领导—员工配对的问卷调查收集数据，采用统计分析方法分析两者之间的关系，得出如下研究结论：

6.1.1　变革情感承诺和变革规范承诺的中介作用

第一，悖论式领导行为对员工变革情感承诺和变革规范承诺具有显著影响。组织变革是一项长期的并且给员工带来压力的过程（Kiefer，2005），因为组织变革往往破坏了员工日常的工作和社会关系（Strebel，1996），员工需耗费个体资源应对组织变革。基于资源保存理论，在压力情境下个体为了避免资源损失，会积极寻求资源补充，进行资源投资与培育，以获得更多的资源补充（Hobfoll，

1989）。领导是组织资源的掌控者，是员工寻求资源补充的最直接对象（Bono &
Judge，2004）。研究表明，关键性资源获取是员工形成组织变革承诺的重要影响
因素（Meyer et al.，2007；Abrell-Vogel & Vogel，2014）。因此，本书认为在组
织变革情境下，员工对悖论式领导行为的感知能为员工提供资源增益作用，促进
员工形成变革情感承诺和变革规范承诺，因此本书提出假设"悖论式领导行为正
向影响员工变革情感承诺和变革规范承诺"（H1、H3）。

　　本书研究发现，悖论式领导行为对员工变革情感承诺和变革规范承诺均具有
显著的正向影响，H1 和 H3 得到验证。根据资源保存理论，个体从保存和获取资
源的动机出发，具有努力保持和获取资源的倾向，并不断培育和投资资源（Hob-
foll，1989）。在组织变革压力下，一方面，员工会利用其拥有的关键资源应对当
前环境的压力情境；另一方面，员工也会通过对其现有资源储备的积极构建和保
护来应对未来可能的情境。

　　悖论式领导行为表现为以员工为中心，尊重员工并兼顾员工感受，关心员
工、支持员工，悖论式领导对员工一视同仁。这种领导行为使员工相信组织公
平，从而使员工相信组织变革利益的公平分配，相信组织变革能为自己带来利益
（宁静，2013）。悖论式领导行为能让员工感知到被尊重和支持，感知到组织公平
和可能的变革利益，从而在情感上形成资源增益，形成变革支持行为意向，悖论
式领导行为可促进员工形成变革情感承诺。悖论式领导以员工为中心，关心和尊
重员工，员工得到支持和尊重容易与领导建立高质量的上下级关系，为了维持这
种关系，员工积极跟随领导和回报组织，员工会较为积极地参与和支持组织变革
活动，为组织变革建言献策，尽可能做出自己的贡献。悖论式领导行为容易使员
工形成要回报组织的责任感和义务感，能促进员工形成变革规范承诺。

　　第二，变革情感承诺和变革规范承诺在悖论式领导行为与员工变革支持行为
关系中起到积极的中介作用。变革承诺是解释员工对组织变革的态度和行为意向
的概念（Herscovitch & Meyer，2002；Fedor et al.，2006）。Herscovitch 和 Meyer
（2002）将变革承诺分为三要素——变革情感承诺、变革规范承诺和变革持续承
诺，并证实了这三种要素是独立的且解释变量和影响结果是不同的。以往的研究
发现，变革情感承诺和变革规范承诺正向促进员工形成变革支持行为，而变革持
续承诺与变革支持行为的关系不显著（Thompson et al.，2002；Sorge，2004；

Cunningham，2006）。因此，本书提出假设"员工变革情感承诺在悖论式领导行为与员工变革支持行为的关系中起中介作用"（H2）和"员工变革规范承诺在悖论式领导行为与员工变革支持行为的关系中起部分中介作用"（H4）。

本书研究发现，员工变革情感承诺和变革规范承诺在悖论式领导行为与员工变革支持行为关系中起到部分中介的作用。H2 和 H4 得到验证。通过资源保存理论分析可知，在组织变革压力下，员工为了应对变革压力，会积极寻求资源的补充，并积极投资和培育潜在资源的获取。悖论式领导行为能让员工感受到组织公平并相信变革会使组织和员工都能从中受益，那么员工就会产生积极的变革态度；悖论式领导行为能提高员工对组织变革成功的信心和变革自我效能感，能通过组织变革支持氛围感知影响员工积极参与组织变革的热情。悖论式领导行为能在情感上为员工提供资源补充，可以通过员工变革情感承诺的中介作用促进员工变革支持行为的形成。悖论式领导关心和尊重员工，为员工提供个性化关怀，这种领导行为能够促进高质量沟通并形成高质量的上下级关系，增加员工回报组织的责任感和义务感。悖论式领导行为能够通过变革规范承诺的中介作用促进员工变革支持行为的形成。

6.1.2　角色压力的中介作用

第一，悖论式领导行为对员工角色压力具有显著影响。根据资源保存理论的资源损失螺旋原则，悖论式领导行为虽然给员工带来积极的情感体验，形成情感资源，但由于悖论式领导行为常常表现出矛盾两面性整合的特征，容易造成员工角色压力认知，员工需要消耗更多的认知资源来解读悖论式领导行为的动因，需要不断调整工作策略以满足悖论式领导的角色期待，从而增加员工认知上的资源损耗，产生压力。因此，本书提出假设"悖论式领导行为正向影响员工角色压力"（H5）。本书研究证实了悖论式领导行为正向影响员工角色压力，H5 得到验证。

第二，角色压力在悖论式领导行为与员工变革支持行为关系中起到消极的中介作用。基于资源保存理论，员工参与组织变革活动的相关行为需要消耗较多的资源和精力，为避免有限资源被持续消耗，在变革压力及角色压力下，员工会倾向于减少变革支持行为的资源投入，减少产生变革支持行为。因此，本书提出假设"员工角色压力负向影响员工变革支持行为"（H6），由此，本书还提出假设"员工角色压力在悖论式领导行为与员工变革支持行为关系中起中介作用"（H7）。本书研究发现，悖论式领导行为正向影响员工角色压力，H6 得到验证。本书研究还证实了悖论式领导行为通过角色压力的中介作用负向影响员工变革支持行为的产生，验证了 H7。根据资源保存理论，组织变革本身的不确定性和风险性给员工带来压力，员工为了缓解变革压力的资源损耗，会向领导寻求资源补充，但悖论式领导所传达的矛盾悖论整合领导行为特征会对员工角色认知提出较高要求，增加了员工的角色认知压力，进一步消耗了员工个体资源，为了减少资源损耗，员工会减少变革支持资源投入，从而阻碍变革支持行为的产生。

6.1.3　员工主动性人格的调节作用

第一，员工主动性人格正向调节悖论式领导行为与员工变革承诺的关系。主动性人格是一种稳定的人格特质（Bateman & Grant，1993），研究表明，高主动性人格的员工在工作中往往表现得更加积极主动，更善于识别、抓住机会以及更善于处理与领导之间的关系（Nilforooshan & Salimi，2016），他们多以未来目标为导向，注重在工作过程中对自我的持续提升；但是低主动性人格的员工往往表现出消极适应环境和被动式受环境影响，他们不主动识别和抓住机会，单纯依赖他人的力量来解决问题（Parker et al.，2010）。因此，当面对领导所提供的工作资源时，高主动性人格的员工会积极识别、抓住与领导互动交流的机会，更容易与领导建立良好的领导—员工关系，最终增加工作自主性，获得来自领导的支持以及获得更多的组织资源（Griffin et al.，2007）。主动性人格被认为是个体拥有的初始资源（Anders & Bard，2011；冯彩玲等，2014），相较低主动性人格的个体，主动性人格水平较高的员工具有较多的初始资源，基于资源保存理论的初始资源效应，高主动性人格员工更容易在变革压力下与领导积极互动，识别和发现机会并获得相应的资源，呈现资源螺旋上升，而低水平主动性人格员工因具有较少初始资源，容易在变革压力下损失资源，造成资源损失螺旋。因此，本书提出假设"员工主动性人格正向调节悖论式领导行为与员工变革情感承诺之间的关系"（H8）、"员工主动性人格正向调节悖论式领导行为与员工变革规范承诺之间的关系"（H9）、"员工主动性人格正向调节员工变革情感承诺在悖论式领导行为和员工变革支持行为之间的中介作用"（H10）和"员工主动性人格正向调节员工变革规范承诺在悖论式领导行为和员工变革支持行为之间的中介作用"（H11）。

从检验结果来看，H8、H9、H10 和 H11 均得到了验证，本书将主动性人格引入模型中进行研究，得到的结论是：员工主动性人格在悖论式领导行为与员工变革情感承诺和变革规范承诺之间均起到正向调节作用，员工主动性人格水平越高，悖论式领导行为对员工变革情感承诺和变革规范承诺的影响作用越强；反之，员工主动性人格水平越低，悖论式领导行为对员工变革情感承诺和变革规范承诺的影响作用越弱。员工主动性人格调节员工变革情感承诺和变革规范承诺在悖论式领导行为和员工变革支持行为之间的中介作用，主动性人格水平越高，这种中介作用越强；反之则越弱。

第二，员工主动性人格负向调节悖论式领导行为与员工角色压力的关系。在组织变革中，具有主动性人格的员工能更好识别自己的工作任务，更加明确自己的角色，高主动性人格个体更善于处理领导—员工关系，形成高质量的领导—员工关系，获得更多的信息和反馈以及组织支持资源（Bergeron et al., 2014）。因此，他们更容易领悟领导的角色期待，减小悖论式领导行为带来的角色压力影响。另外，从资源保存理论视角看，在面对组织变革压力时，为了避免资源损失，高主动性人格员工更倾向于积极进行资源投资和培育。因此，本书提出假设"员工主动性人格负向调节悖论式领导行为与员工角色压力之间的关系，即员工的主动性人格水平越高，悖论式领导行为与员工角色压力感知之间的负向关系越弱"（H12）和"员工主动性人格负向调节角色压力在悖论式领导行为和员工变革支持行为之间的中介作用，即员工主动性人格水平越高，员工角色压力在悖论式领导行为和员工变革支持行为之间的中介作用就越弱；相反，员工主动性人格水平越低，角色压力在悖论式领导行为与员工变革支持行为之间的中介作用就越强"（H13）。

从检验结果来看，H12 和 H13 均得到了验证。主动性人格水平高的员工能减小悖论式领导行为对角色压力的负向影响，主动性人格负向调节悖论式领导行为对角色压力的影响作用，主动性人格负向调节角色压力在悖论式领导行为和员工变革支持行为之间的中介作用。

6.2　理论贡献与实践启示

6.2.1　理论贡献

6.2.1.1　丰富了员工变革支持行为前驱变量的相关研究

本书将悖论式领导引入组织变革领域，从悖论式领导行为视角来探讨驱动员工变革支持行为的影响因素。已有研究主要聚焦于"非此即彼"单一结构的领导行为对员工变革支持行为的积极影响作用，比如变革型领导（Herold，2008）、魅力型领导（许苗苗等，2016）、德行领导（孙利平、凌文辁，2010）、教练型领导（王丽璇，2019）、包容型领导（刘晓梅，2019；王雁飞等，2021）等。但随着组织环境日益复杂化，具有矛盾复杂整合特征的悖论式领导行为能更好应对组织变革中存在的复杂悖论问题（刘善堂、刘洪，2015；Zhang et al.，2015），但悖论式领导行为本身的矛盾复杂性特征对员工认知、情感和行为产生复杂的影响作用，悖论式领导行为对员工变革支持行为的影响机制和边界条件尚未得到充分的分析。为适应环境变化的需要，与以往研究不同的是，本书聚焦于探讨具有矛盾两面整合特征的悖论式领导行为与员工变革支持行为的关系，研究结论丰富了组织变革中员工变革支持行为前因变量的理论研究，为从悖论式领导行为视角来推进组织变革实施提供了新的理论依据。

6.2.1.2　验证了悖论式领导行为对员工变革支持行为的双刃剑效应

现有文献关于悖论式领导行为对员工态度和行为的影响机制研究基本上都不同程度地忽略了悖论式领导行为可能存在的消极影响，只关注悖论式领导行为对员工及组织的积极作用（谭乐等，2020），这不利于理论界对悖论式领导行为有效性的全面理解。最新的研究中已有部分学者关注到了悖论式领导行为在对员工和组织的影响中也存在消极作用（Shao et al.，2019；李锡元、夏艺熙，2022）。悖论式领导行为本身具有矛盾两面性特征，对员工认知和情感产生复杂性的影响（刘善堂、刘洪，2015）。与以往研究不同的是，本书从悖论式领导行为两面性出发，探讨悖论式领导行为可能同时存在积极和消极两条路径影响员工变革支持行为。本书的研究结论回应了前期学者研究结论的不一致性，加深了人们对悖论式领导行为影响员工变革支持行为关系的理解，丰富了悖论式领导行为影响效应的理论研究。

6.2.1.3 拓展了悖论式领导行为对员工变革支持行为的影响路径研究

现有研究大多从情感机制（刘晓梅，2019；王雁飞等，2021）、认知机制（孙柯意、张博坚，2019）、动机机制（柏帅蛟，2016）等单一视角探讨领导行为与员工变革支持行为关系的研究。员工变革支持行为的产生不仅出于情感支持的心理需求，同时也源于员工对变革事件及相关工作要求的认知（Herscvitch & Meyer，2002），以往研究只从单一视角考虑单个因素的影响作用，存在一定局限性和片面性。本书从情感（变革承诺）和认知（角色压力）两条路径探讨悖论式领导行为对员工变革支持行为的影响机制，研究表明，悖论式领导行为在情感路径的影响作用中能对员工起到资源增益作用，促进员工形成变革情感承诺和变革规范承诺，进而使员工产生变革支持行为；在认知路径影响过程中，悖论式领导行为会使员工产生角色压力认知，导致员工资源损耗，进而抑制了员工变革支持行为的产生。本书研究拓展了悖论式领导行为对员工变革支持行为的影响路径的探讨。

6.2.1.4 揭示了员工主动性人格在悖论式领导行为与员工变革支持行为双刃剑关系中的可能边界效应

已有研究往往将员工认知因素作为领导行为与员工变革支持行为关系的调节作用因素，如上下级关系认知（Kim et al.，2011）、员工正念（孙柯意、张博坚，2019）。与已有研究不同的是，本书从员工个体特质差异性出发，将员工主动性人格作为悖论式领导行为影响员工变革支持行为双路径中的调节因素进行研究。根据资源保存理论中的初始资源效应原则，拥有较多初始资源的个体更容易获取新的资源，拥有较少资源的个体更容易遭受资源损失。主动性人格被认为是个体拥有的初始资源，相对于低水平主动性人格的员工，高水平主动性人格的员工拥有较多的初始资源（Anders & Bard，2011；冯彩玲等，2014）。本书验证了员工主动性人格在悖论式领导行为与员工变革支持行为关系中起到调节作用。具体来说，相比主动性人格水平低的员工，高主动性人格的员工在悖论式领导行为影响下更容易产生变革情感承诺和变革规范承诺，并且较少产生角色压力认知，从而更容易形成变革支持行为。本书的研究结论能更加准确地解释悖论式领导行为对员工变革支持行为的双刃剑影响作用机制，丰富了悖论式领导行为对员工变革支持行为影响机制边界条件的理论研究。

6.2.2　实践启示

当前全球经济发展正经历前所未有的变革动荡期，企业需要不断变革才能适应快速变化的外部环境，企业组织变革已成为常态。在这种背景下，努力促使员工参与和支持组织变革并为变革做出贡献的变革支持行为才有助于组织变革成功，更好地完成组织的战略目标。领导因素是员工变革支持行为产生的重要前驱因素（王雁飞等，2021），但以往关于领导行为与员工变革支持行为关系的研究多集中于"非此即彼"的单一结构领导行为对员工变革支持行为的积极影响作用（曹晓丽、马金芳，2018）。随着组织环境日益动态、易变、复杂化，以往传统的"非此即彼"的领导行为方式已经很难应付管理中的悖论问题（Schneider et al.，2011）。在组织变革的复杂环境下，要有效解决组织变革中的悖论问题，需要领导能够综合运用矛盾整合系统思维并具有悖论问题的处理能力，正确处理企业变革所面临的相互依存的矛盾性问题，如此才能有效推动企业组织成功变革（Tripathi，2017）。在变革管理中，领导单一强调一方面而忽略另一方面均是不可取的，具有矛盾整合双重特征的悖论式领导行为被认为更能有效应对组织复杂性的矛盾张力问题（刘善堂、刘洪，2015；Zhang et al.，2015）。但悖论式领导行为本身具有的矛盾两面性特征会对员工态度和行为产生复杂的影响作用（刘善堂、刘洪，2015），关于悖论式领导行为对员工变革支持行为的影响作用机制和边界条件尚未得到充分研究。本书研究结果表明，悖论式领导行为对员工变革支持行为具有双刃剑作用，员工主动性人格在这一影响作用中起到调节作用。一方面，悖论式领导行为可以通过情感路径的资源增益作用促进员工形成变革情感承诺和变革规范承诺，进而激发员工变革支持行为。另一方面，悖论式领导行为也通过认知路径的资源损耗作用，使员工产生角色压力，进而抑制员工变革支持行为的产生。此外，本书研究证实了主动性人格在悖论式领导行为与员工变革情感承诺和变革规范承诺之间起到正向调节作用，在悖论式领导行为与员工角色压力感知之间起到负向调节作用。本书的研究结论能给组织变革管理者提供管理实践策略方面的有益建议。

6.2.2.1 要重视培养领导形成具有系统思维和悖论优化整合特征的行为

当今组织环境日益复杂化，使组织变革活动需要领导具备悖论式领导思维和行为方式，如此才能有效识别组织中的矛盾对立整合关系，找出内在统一性，有效平衡组织变革中的矛盾与冲突问题（刘善堂、刘洪，2015）。组织变革管理者要加强悖论意识和观念转变，在变革管理过程中要积极识别出矛盾对立且相互依存的悖论问题，在处理这些问题时要摒弃"二选一"而采取"二者皆"的悖论整合思维，通过矛盾整合优化的管理策略和领导行为方式正确处理矛盾悖论问题。

已有研究发现，悖论式领导行为的形成因素中，领导个体因素如领导的整体思维、认知复杂性（Smith & Lewis，2011）、行为复杂性（Denison et al.，1995）和情绪平静性（Bass，1985；Waldman & Bowen，2016）等个体特征促进领导形成悖论式领导行为，社会文化因素（Smith & Tushman，2005）与后期所接受的教育和培训也能促成悖论式领导思维的形成（Schad et al.，1995）。企业领导应充分利用这些影响因素的作用，努力转变思维，有意识地培养自己形成具有系统整体思维和悖论整合特征的悖论式领导行为；还可通过参加讲座培训、考察学习等方式逐步培养领导的悖论系统认知和适应能力，构建悖论系统思维并形成具有矛盾优化整合特征的领导行为方式。

6.2.2.2 要善于发挥悖论式领导行为的积极效应来激发员工变革支持行为的产生

首先，注重和强化员工支持组织变革的内心信念的影响，激发员工产生变革情感承诺。本书研究表明，悖论式领导行为通过影响员工形成变革情感承诺的积极作用，促进员工产生变革支持行为。领导在推动组织变革的企业管理实践中，要积极采取有效的悖论式领导行为，促进员工形成变革情感承诺。研究表明，组织公平性能使员工对变革预期产生积极的评价（宁静，2013），因此，组织变革过程中，领导可采用对员工一视同仁同时给予员工个性化支持的管理策略，让员工体会到领导和组织的公平性和组织支持感，使员工相信变革收益和变革对员工产生的内在利益，从而对变革预期有了积极的评价。另外，变革效能感能促进员工形成变革情感承诺（张寒，2019），因此，在组织变革中，领导可采用既保持决策控制和严格执行工作要求，同时允许工作自主性的管理策略。强有力的决策控制和工作执行体现出领导强大的管理能力，使员工相信组织变革能力，提高变革效能感，增强对组织变革的内心信念和认同（Armenakis et al.，2007）。工作自主性能体现出领导对员工的认可，从而增强员工的"主人翁"意识，这些都能使员工容易产生变革情感承诺（柏帅蛟等，2017）。同时，积极的组织变革氛围能增强员工对变革的积极评价（柏帅蛟等，2017），使员工感知到变革的重要性和紧迫感，唤起员工对组织变革的情感反应，提高对组织变革的内心认同感，激发员工的变革情感承诺（王雁飞等，2021）。因此，领导还可以通过营造积极性的变革组织氛围来提高员工变革情感承诺。

其次，营造支持性的组织环境，促进员工形成变革规范承诺，进而激发员工变革支持行为。本书研究结论表明，悖论式领导行为可以通过影响员工形成变革规范承诺的积极作用，促进员工产生变革支持行为。领导在推动组织变革的企业管理实践中，要积极发挥有效的悖论式领导行为，促进员工形成变革规范承诺。已有研究发现，领导尊重和支持员工会形成员工要回报领导和组织的责任感和义务感（唐莉，2017）。因此，在组织变革过程中，领导可通过对员工授权赋能，尊重和信任员工，为他们提供尽可能多的组织资源和支持，满足员工个性需求，通过向员工提供多元化的福利待遇，帮助员工开展各项组织活动，让员工产生要回报组织的责任感和义务感，从而形成员工支持组织变革的信念，形成变革规范承诺。高质量的上下级关系还有助于提高员工回报组织的责任感，进而产生组织公民行为（孙柯意、张博坚，2019），因此，组织变革中的领导既要维护个人权威，保证决策严格执行，同时也要适当授权，给予员工自主性，允许工作中的灵活性，与员工互动，提高上下级关系质量，使员工充分感受到组织的关怀和尊重，激发员工产生要回报组织的责任感和义务感，促进员工形成变革规范承诺，进而激发员工的变革支持行为。

6.2.2.3 要关注和防范悖论式领导行为对员工角色压力的负面影响

本书研究结论表明，悖论式领导行为通过员工角色压力的中介作用抑制了员工变革支持行为的产生。因此，企业管理者在推动组织变革实践过程中，要关注和防范悖论式领导行为对员工角色压力的负面影响，及时采取预防措施，减少悖论式领导行为给员工带来的资源损耗效应。

首先，营造沟通开放的组织环境。良好的组织沟通氛围可减少员工产生角色模糊（Kahn，1986），因此，领导在采用悖论式领导行为进行组织变革管理时，要加强领导与员工的沟通，建立领导与员工沟通的反馈渠道，通过基层走动、非正式会谈等管理方式加强上级和下属之间的沟通交流，帮助员工减少角色压力认知。员工参与决策过程也有利于减轻员工工作中形成的角色压力（Sawyer，1992），因此，领导在实施悖论式管理策略或者在安排悖论任务时，可向员工阐明此种安排的必要性和可行性，让员工参与管理决策过程，帮助员工平衡工作悖论任务，向他们说明领导的悖论式思维和管理方式的缘由，帮助员工明晰角色定位并和员工梳理各项工作目标和工作职责，加强知识分享与心理疏导，为员工从事相悖任务提供认知和情感支持；同时，通过建立反馈渠道让员工及时与上级沟通，避免员工对任务和角色认识不清导致的角色压力、反复返工等现象。

其次，加强组织内部员工之间的互助互学，形成沟通学习、互助成长的组织氛围。研究表明，沟通开放性有助于降低员工角色压力感知（金辉，2022）。因此，组织要强化组织内部和谐氛围建设，使员工与他人及组织和谐相处，健全员工之间的横向沟通机制，通过打造无障碍沟通文化，提高组织沟通开放性。

最后，通过支持与培训等方式，增强员工角色认知和角色胜任能力。可通过轮岗、角色互换模拟等方式，培养员工多元化、整体性的思维能力。同时，员工应主动学习和适应不同角色要求，提升自身应变能力，可在一定程度上降低角色压力认知（Coelho et al.，2011）。

6.2.2.4 注重选拔具有主动性人格特质的员工，培养员工主动性人格特质的形成

首先，企业可把积极主动性人格特质作为企业招聘和选拔人员的标准要素之

一，尽可能选择那些具备积极主动性的员工。其次，企业通过员工培训、导师制等方式尽可能培养员工形成积极主动的人格特质和工作态度，还可通过营造组织学习氛围，增加组织沟通渠道，加强组织内人员的沟通以发挥高主动性人格员工对低主动性人格员工的同化作用，促进员工达成共同承诺，从而激发共同的变革支持与参与。Bateman 和 Grant（1993）认为，主动性人格的形成除了与个体先天性的遗传因素有关之外，还与后天所处环境和所接受的教育有关。因此，企业可以通过适当的培训学习和激励来提升员工的主动性人格，增加员工在变革时期积极参与变革的主动性行为。最后，选择那些具备积极主动性人格、对组织变革怀有热情的积极态度、拥护并支持组织变革的人员参与组织变革活动，尤其是在组织变革初期，要选拔那些积极、热情、主动性高的员工来管理和推动组织变革活动，选择主动性高的员工参与组织变革活动。

总之，在推动组织变革实施过程中，员工变革情感承诺和变革规范承诺可以促进员工产生支持组织变革的行为，而员工变革情感承诺和变革规范承诺的形成受到悖论式领导行为风格的影响，同时也和员工本身个人主动性人格特质有关，管理者在变革实施中可以从领导行为风格和组织因素方面对员工变革支持行为进行外在的影响，同时也尽可能选拔有主动性人格的员工参与变革，培养和激励员工主动性人格的形成。

国内学者冉涛（2019）在对华为管理进行多年跟踪研究后发现，华为在招聘选拔人员和提拔领导过程中，一直将主动性人格作为考核的一个重要指标，同时，华为也将主动性人格作为选择变革活动参与人员的主要关键要素。吴晓波（2017）指出，华为多年来的组织变革成功取决于领导全面参与并且采取有效的管理策略，更重要的是公司员工积极参与变革，华为的员工工作非常积极主动。本书的实证研究进一步证实了主动性人格在悖论式领导行为与员工变革情感承诺和变革规范承诺的关系中起到正向调节的作用，主动性人格在悖论式领导行为对员工变革支持行为的积极影响关系中起到正向调节作用；主动性人格在悖论式领导行为通过角色压力影响员工变革支持行为的消极影响关系中起到负向调节作用。本书的研究表明，主动性人格能在一定程度上增强悖论式领导行为对员工变革支持行为的积极作用，同时削弱悖论式领导行为对员工变革支持行为的消极作用。因此，企业在管理实践中应尽可能注重选拔具有主动性人格特质的员工，培养员工主动性人格特质的形成。

6.3 研究局限与未来展望

6.3.1 研究局限

本书拓展了领导行为因素对员工变革支持行为的影响作用机理问题，研究结果对组织变革管理实践具有一定的指导意义，但由于研究者的能力水平、知识范围、时间和精力等方面的限制，本书仍存在一些不足之处。相关的研究结果可以为未来进一步的研究提供一些可能的方向。

第一，从研究视角来看，本书基于资源保存理论的资源增益和资源损耗机制，分别从情感路径和认知路径两方面探讨悖论式领导行为对员工变革支持行为的双刃剑效应，主要是分析两者之间在个体层面的影响关系，未进行跨层次的探索，理论模型中涉及的构念大多从员工角度出发，只关注员工层面的规律，忽略了组织层面的因素，没有从多层面去分析悖论式领导行为对员工变革态度和行为的影响机制。由于领导掌握组织关键资源，领导可能还会通过组织层面或者团队层面的影响路径对员工变革支持行为产生作用，未来还可以从多层面对两者关系进行跨层研究，能更加精确地探索悖论式领导行为与员工变革支持行为之间的影响机制。

第二，从研究内容来看，变革承诺包含三要素——变革情感承诺、变革规范承诺和变革持续承诺，本书只选取变革情感承诺和变革规范承诺作为悖论式领导行为对员工变革支持行为积极影响效应的中介。悖论式领导行为对员工变革持续承诺是否产生影响，进而影响员工变革支持行为，以及最终可能正面或是负面影响变革支持行为尚未得知，未来可以将变革承诺三要素同时纳入研究模型中，更加系统、全面地剖析悖论式领导行为与员工变革支持行为的关系。同样地，角色压力包括角色冲突、角色过载和角色模糊三个维度，本书仅从整体上研究悖论式领导行为通过角色压力的中介作用对员工变革支持行为的消极影响，未来还可以进一步细化分析悖论式领导行为对角色压力各个维度的影响，同时还可以探讨其他中介机制（如工作懈怠、情绪焦虑等变量）的中介作用产生的消极影响。另外，本书只探讨了员工主动性人格在悖论式领导行为与员工变革支持行为双刃剑效应中的调节作用，未来可进一步探讨其他可能的边界条件因素。

第三，从数据收集方面来看，首先，从调查企业对象的选择来看，由于悖论式领导行为的复杂性，目前可以识别的具有悖论式领导行为的本土企业数量较为有限。另外，以往关于组织变革中悖论式领导行为与员工变革支持行为关系的实证研究，调查对象没有统一成熟的参考标准，本书为了方便获取数据，抽取了 6 家具有计划性组织变革经历的企业进行问卷调查并收集数据，尚未考虑企业所处地域和所属行业的影响差异，这也使研究结论和推广范围受到一定的限制。未来研究还可考虑在更多地区范围内选择不同性质和不同行业的企业进行调查，扩大样本范围和样本数量，使研究结论更具有普适性。其次，从数据收集方法来看，虽然多阶段、多来源的数据收集方法能在一定程度上减少了同源偏差的影响，但仍不能得出可靠的因果推理，未来研究可以考虑更接近真实状态的日志法或补充实验研究。

6.3.2　未来展望

本书的研究结果可为未来的研究提供一些研究方向上的启迪。

第一，在研究视角上，本书主要从个体层面探讨悖论式领导行为与员工变革支持行为的关系，未来还可以从组织层面、团队层面等多种不同层面和不同路径探讨悖论式领导行为与员工变革支持行为的关系机制，进一步揭示悖论式领导行为通过组织层面或者团队层面的影响路径对员工变革支持行为产生的作用，可以更加精确地探索悖论式领导行为与员工变革支持行为之间的影响机制。另外，本书主要从资源保存理论的资源增益和资源损耗视角探讨悖论式领导与员工变革支持行为的关系，未来还可以进一步从其他理论视角进一步探讨两者关系，如信息加工理论、计划行为理论等。

第二，在研究内容上，首先，本书验证了员工变革情感承诺和变革规范承诺在悖论式领导行为对员工变革支持行为的积极效应中起到部分中介作用，这意味着可能存在其他的积极中介路径，后续研究可从其他视角挖掘其他的积极中介效应。同样地，本书验证了角色压力认知在悖论式领导行为对员工变革支持行为的消极效应中起到部分中介作用，这意味着可能还存在其他的消极中介效应，未来还可以继续挖掘其他的消极中介效应。其次，本书揭示了悖论式领导行为对员工变革支持行为具有双刃剑效应，未来研究可关注悖论式领导行为是否对员工创新行为、组织公民行为等具有类似的双刃剑效应。最后，本书只考虑主动性人格这一个体特质在悖论式领导行为对员工变革承诺和角色压力认知作用机制中的调节作用，未来还可继续探讨其他的边界效应，例如上下级关系、领导员工价值观认同和匹配、员工中庸思想等视角。当员工和领导的价值观处于一致性水平或者说出于同一类的价值观意识时，员工更容易理解和认同悖论式领导行为的矛盾整合思维和行为方式，从而有助于减小悖论式领导行为带来的消极影响。未来还可以从更多的理论视角，囊括不同的变量进入研究框架中加以考察，以进一步丰富两者之间关系的内外部影响机制研究。

第三，在数据收集上，首先，在调查对象选择上，为了使研究结论更具有普适性，未来研究还可考虑在更多地区范围内选择不同性质和不同行业的企业进行调查，扩大样本范围和增加样本数量。其次，本书主要采用静态的数据收集方式，而个体的行为和态度会随着环境的不同而发生变化，未来研究可根据不同的组织情境和氛围，采用动态的日志研究法收集相关数据进行研究，可能使研究结果更加准确地反映悖论式领导行为与员工变革支持行为之间的关系规律。

参考文献

[1] Abbas M, Raja U. Impact of Psychological Capital on Innovative Performance and Job Stress [J]. Canadian Journal of Administrative Sciences, 2015, 32 (2): 128-138.

[2] Abrell-Vogel, Rowold J. Leaders' Commitment to Change and Their Effectiveness in Change - A Multilevel Investigation [J]. Journal of Organizational Change Management, 2014, 27 (6): 900-921.

[3] Ajzen I. Perceived Behavioral Control, Self-efficacy, Locus of Control, and The Theory of Planned Behavior [J]. Journal of Applied Social Psychology, 2002, 32 (4): 665-683.

[4] Ajzen I. The Theory of Planned Behavior [J]. Organizational Behavior and Human Decision Processes, 1991, 50 (2): 179-211.

[5] Akgunduz Y, Alkan C. Perceived Organizational Support, Employee Creativity and Proactive Personality: The Mediating Effect of Meaning of Work [J]. Journal of Hospitality and Tourism Management, 2017 (34): 105-114.

[6] Alfes K, Kearney E. How and When Paradoxical Leadership Benefits Work Engagement: The Role of Goal Clarity and Work Autonomy [J]. Journal of Occupational and Organizational Psychology, 2021 (3): 351-362.

[7] Alhaddad S. Integrating The Organizational Change Literature: A Model for Successful Change [J]. Journal of Organizational Change Management, 2015, 28 (2): 234-262.

[8] Allen G W, Attoh P A, Gong T. Transformational Leadership and Affective

Organizational Commitment: Mediating Roles of Perceived Social Responsibility and Organizational Identification [J]. Social Responsibility Journal, 2017, 13 (3): 585-600.

[9] Amabile T. The Social Psychology of Creativity: A Componential Conceptualization [J]. Journal of Personality and Social Psychology, 1983, 45 (2): 357-376.

[10] Anders D, Bård K. Intrinsic Motivation as a Moderator on The Relationship between Perceived Job Autonomy and Work Performance [J]. European Journal of Work and Organizational Psychology, 2011, 20 (3): 367-387.

[11] Anderson V. A Trojan Horse? The Implications of Managerial Coaching for Leadership Theory [J]. Human Resource Development International, 2013, 16 (3): 251-266.

[12] Andriopoulos C, Lewis M W. Managing Innovation Paradoxes: Ambidexterity Lessons from Leading Product Design Companies [J]. Long Range Planning, 2010, 43 (1): 104-122.

[13] Antonakis J, Avolio B J, Sivasubramaniam N. Context and Leadership: An Examination of The Nine-factor Full-range Leadership Theory Using The Multifactor Leadership Questionnaire [J]. Leadership Quarterly, 2003, 14 (3): 261-295.

[14] Arlen C, Moller D. Self-Determination Theory and Public Policy: Improving the Quality of Consumer Decisions without Using Coercion [J]. Journal of Public Policy & Marketing, 2006, 25 (1): 104-116.

[15] Armenakis A A, Bedeian A G. Organizational Change: A Review of Theory and Research in the 1990s [J]. Journal of Management, 2010, 25 (3): 293-315.

[16] Armenakis A A, Bernerth J B, Pitts J P. Organizational Change Recipients' Beliefs Scale Development of An Assessment Instrument [J]. Journal of Applied Behavioral Science, 2007, 43 (4): 481-505.

[17] Armenakis A, Harris S, Field H S. Paradigms in Organizational Change: Change Agent and Change Target Perspectives [M]. Handbook of Organizational Behavior, New York: Marcel Dekker, 1999.

[18] Armitage C J, Conner M. Efficacy of the Theory of Planned Behavior: A

Meta - analytic Review [J]. British Journal of SocialPsychology, 2001, 40 (4): 471-499.

[19] Bakker A, Tims M, Derks D. Proactive Personality and Job Performance: The Role of Job Crafting and Work Engagement [J]. Human Relations, 2012, 65 (10): 1359-1378.

[20] Bandura A. Social Cognitive Theory of Self - regulation [J]. Organizational Behavior & Human Decision Processes, 1991, 50 (2): 248-287.

[21] Bandura D N. Fearful Expectations and Avoidant Actions as Coeffects of Perceived Self-inefficacy [J]. American Psychologist, 1986, 21 (4): 133-146.

[22] Baron R M, Kenny D A. The Moderator - mediator Variable Distinction in Social Psychological Research: Conceptual, Strategic, and Statistical Considerations [J]. Journal of Personality and Social Psychology, 1986, 51 (6): 1173-1182.

[23] Bartunek J M, Rousseau D M, Rudolph J W. On The Receiving End: Sensemaking, Emotion, and Assessments of An Organizational Change Initiated by Others [J]. Journal of Applied Behavioral Science, 2006 (42): 182-206.

[24] Bass B M. Leadership and Performance Beyond Expectations [M]. New York: Free Press, 1985.

[25] Bateman T S, Crant J M. The Proactive Component of Organizational Behavior [J]. Journal of Organizational Behavior, 1993, 14 (6): 235-245.

[26] Becker H S. Notes on the Concept of Commitment [J]. American Journal of Sociology, 1960, 66 (1): 32-40.

[27] Benn S, Dunphy D. Organizational Change for Corporate Sustainability [M]. London: Routledge, 2014.

[28] Bennis W G, Nanus B. Leaders: The Strategies for Taking Charge [M]. Harper & Row: New York, 1985.

[29] Bergeron D M, Tiffany D. Proactive Personality at Work: Seeing More to Do and Doing More? [J]. Journal of Business and Psychology, 2014, 29 (1): 71-86.

[30] Bernerth J B, Armenakis A A, Field H S. Justice, Cynicism, and Commitment, A Study of Important Organizational Change Variables [J]. The Journal of

Applied Behavioral Science, 2007, 43 (3): 303-326.

[31] Blau P M. Exchange and Power in Social Life [M]. New York: Wiley, 1964.

[32] Blau P M. Social Exchange [J]. International Encyclopedia of the Social Sciences, 1968 (7): 452-457.

[33] Bonett D G, Wright T A. Cronbach's Alpha Reliability: Interval Estimation, Hypothesis Testing and Sample Size Planning [J]. Journal of Organizational Behavior, 2015, 36 (1): 3-15.

[34] Bono J E, Judge T A. Personality and Transformational and Transactional Leadership: A Meta-analysis [J]. Journal of Applied Psychology, 2004, 89 (5): 901-910.

[35] Bordia P, Hobman E, Jones E. Uncertainty During Organizational Change: Types, Consequences, and Management Strategies [J]. Journal of Business and Psychology, 2004, 18 (4): 507-532.

[36] Bouckenooghe D, Clercq D D, Deprez J. Interpersonal Justice, Relational Conflict, and Commitment to Change: The Moderating Role of Social Interaction [J]. Applied Psychology: An International Review, 2014, 63 (3): 509-540.

[37] Bovey W H, Hede A. Resistance to Organisational Change: The Role of Defence Mechanisms [J]. Journal of Managerial Psychology, 2001, 16 (7): 534-548.

[38] Brislin R W. Comparative Research Methodology Cross-cultural Studies [J]. Administrative Science Quarterly, 1976, 3 (11): 215-229.

[39] Brown M, Cregan C. Organizational Change Cynicism: The Role of Employee Involvement [J]. Human Resource Management, 2010, 47 (10): 202-239.

[40] Buchanan I. Building Organizational Commitment: The Socialization of Managers in Work Organizations [J]. Administrative Science Quarterly, 1974, 19 (4): 533-546.

[41] Burger D H, Crous F, Roodt G. Exploring a Model for Finding Meaning in the Changing, World of Work [J]. A Journal of Industrial Psychology, 2012, 38

(1): 78-85.

[42] Burke W W, Lake D G, Paine J W. Organization Change: A Comprehensive Reader [M]. San Francisco, CA: Jossey-Bass, 2009.

[43] Burkhardt M E. Social Interaction Effects Following a Technological Change: A Longitudinal Investigation [J]. Academy of Management Journal, 1994, 37 (4): 869-898.

[44] Burnes B. Introduction: Why Does Change Fail, and What Can We Do about It? [J]. Journal of Change Management, 2011, 11 (4): 445-450.

[45] Caibano J, Almudena A. Workplace Flexibility as a Paradoxical Phenomenon: Exploring Employee Experiences [J]. Human Relations, 2018, 37 (1): 187-190.

[46] Caldwell S D, Herold D M, Fedor D B. Toward an Understanding of The Relationships Among Organizational Change, Individual Differences, and Changes in Person-environment Fit: A Cross-level Study [J]. Journal of Applied Psychology, 2004, 89 (5): 868-882.

[47] Campbell D T, Fiske D W. Convergent and Discriminant Validation by The Multitrait-multimethod Matrix [J]. Psychological Bulletin, 1959, 56 (2): 81-105.

[48] Cha E, Kim K H, Erlen J A. Translation of Scales in Cross-cultural Research: Issue and Techniques [J]. Journal of Management, 2007, 58 (4): 386-395.

[49] Chawla A, Kelloway E K. Predicting Openness and Commitment to Change [J]. Leadership & Organization Development Journal, 2004, 25 (5): 485-498.

[50] Chen C C, Chen X, Huang S. Chinese Guanxi: An Integrative Review and New Directions for Future Research [J]. Management and Organization Review, 2013, 9 (1): 167-207.

[51] Choi M. Employees' Attitudes toward Organizational Change: A Literature Review [J]. Human Resource Management, 2011, 50 (4): 479-500.

[52] Chong J M. Gagné. Self-Determination Theory for Work Motivation [M]. John Wiley & Sons, Ltd. , 2019.

[53] Coetsee L. From Resistance to Commitment [J]. Public Administration Quarterly, 1999, 23 (2): 204-222.

［54］ Cohen P, West S G, Aiken L S. Applied Multiple Regression Correlation Analysis for the Behavioral Sciences ［M］. New York: Psychology Press, 2014.

［55］ Cote S. The Contagious Leader: Impact of the Leader's Mood on the Mood of Group Members, Group Affective Tone, and Group Processes ［J］. Journal of Applied Psychology, 2005.

［56］ Coyle S. Employee Participation and Assessment of an Organizational Change Intervention: A Three-wave Study of Total Quality Management ［J］. Journal of Applied Behavioral Science, 1999, 12 (35): 439-456.

［57］ Coyle-Shapiro J A. Changing Employee Attitudes: The Independent Effects of TQM and Profit Sharing on Continuous Improvement Orientation ［J］. The Journal of Applied Behavioral Science, 2002, 38 (1): 57-77.

［58］ Crant J M. The Proactive Personality Scale and Objective Job Performance Among Real Estate Agents ［J］. Journal of Applied Psychology, 1995, 80 (12): 243-256.

［59］ Cropanzano R, Mitchell M S. Social Exchange Theory: An Interdisciplinary Review ［J］. Journal of Management, 2005, 31 (6): 874-900.

［60］ Cunningham C E, Woodward C A, Shannon H S. Readiness for Organizational Change: A Longitudinal Study of Workplace, Psychological and Behavioural Correlates ［J］. Journal of Occupational and Organizational Psychology, 2002, 75 (4): 377-392.

［61］ Cunningham G. The Relationships Among Commitment to Change, Coping With Change and Turnover Intentions ［J］. European Journal of Work and Organizational Psychology, 2006, 15 (1): 29-45.

［62］ Deci E L, Ryan R M. Human Autonomy: The Basis for True Self-esteem ［J］. Efficacy Agency & Self Esteem, 1995, 18 (4): 386-395.

［63］ Deci E L, Ryan R M. Promoting Self-determined Education ［J］. Scandinavian Journal of Educational Research, 1994, 38 (1): 3-14.

［64］ Deci E L, Ryan R M. Self-determination Theory: When Mind Mediates Behavior ［J］. Journal of Mind & Behavior, 1980, 1 (1): 33-43.

［65］ Deci E L. The Darker and Brighter Sides of Human Existence: Basic Psychological Needs as a Unifying Concept ［J］. Psychological Inquiry, 2000, 11 (4): 319-338.

［66］ Denison D, Hooijberg R, Quinn R. Paradox and Performance: Toward a Theory of Behavioral Complexity in Managerial Leadership ［J］. Organization Science, 1995, 35 (6): 524-540.

［67］ Devos G, Buelens M, Bouckenooghe D. Contribution of Content, Context, and Process to Understanding Openness to Organizational Change: Two Experimental Simulation Studies ［J］. Journal of Social Psychology, 2007, 147 (6): 607-630.

［68］ Eisenhardt K M, Graebner M E. Theory Building from Cases: Opportunities and Challenges ［J］. Academy of Management Journal, 2007, 50 (1): 25-32.

［69］ Eisenhardt K M. Building Theories from Case Study Research ［J］. Academy of Management Review, 1989, 14 (4): 532-550.

［70］ Emerson R M. Social Exchange Theory ［J］. Annual Review of Sociology, 1976, 2 (1): 335-362.

［71］ Fairhurst G T, Putnam L L. An Integrative Methodology for Organizational Oppositions: Aligning Grounded Theory and Discourse Analysis ［J］. Organizational Research Methods, 2019, 22 (4): 917-940.

［72］ Fedor D B, Caldwell S, Herold D M. The Effects of Organizational Changes on Employee Commitment: A Multilevel Investigation ［J］. Personnel Psychology, 2006, 59 (1): 1-29.

［73］ Fishbein M, Ajzen I. Attitudes and Voting Behavior: An Application of The Theory of Reasoned Action ［M］. Progress in Applied Social Psychology, 1981, 62 (3): 253-256.

［74］ Ford J K, Weissbein D A, Plamondon K E. Distinguishing Organizational From Strategy Commitment: Linking Officers' commitment to Community Policing to Job Behaviors and Satisfaction ［J］. Justice Quarterly, 2003, 20 (1): 159-185.

［75］ Foster R D. Resistance, Justice, and Commitment to Change ［J］. Human Resource Development Quarterly, 2010, 21 (1): 3-39.

[76] Franken E, Plimmer G, Malinen S. Paradoxical Leadership in Public Sector Organisations: Its Role in Fostering Employee Resilience [J]. Australian Journal of Public Administration, 2020, 79 (1): 45-47.

[77] Frese M, Fay G. Personal Initiative: An Active Peformance Concept for Work in the 21st Century [J]. Research in Organizational Behavior, 2001 (23): 133.

[78] Fuller J B, Marler L E, Hester K. Promoting Felt Responsibility for Constructive Change and Proactive Behavior: Exploring Aspects of an Elaborated Model of Work Design [J]. Journal of Organizational Behavior, 2006, 27 (8): 1089-1120.

[79] Furst S A, Cable D M. Employee Resistance to Organizational Change: Managerial Influence Tactics and Leader-member Exchange [J]. Journal of Applied Psychology, 2008, 93 (2): 453-462.

[80] Galvin B M, Waldman D A, Balthazard P. Visionary Communication Qualities as Mediators of the Relationship Between Narcissism and Attributions of Leader Charisma [J]. Personnel Psychology, 2010 (63): 509 -537.

[81] Ghitulescu B E, Brenda E. Making Change Happen: The Impact of Work Context on Adaptive and Proactive Behaviors [J]. Journal of Applied Behavioral Science, 2013, 49 (2): 206-245.

[82] Ghitulescu B E. Making Change Happen [J]. Journal of Applied Behavioral Science, 2013, 49 (2): 206-245.

[83] Grant A M, Berry J W. The Necessity of Others is the Mother of Invention: Intrinsic and Prosocial Motivations, Perspective Taking, and Creativity [J]. Academy of Management Journal, 2019, 54 (1): 73-96.

[84] Grant A M, Parker S, Collins C. Geting Credit for Proactive Behavior: Supervisor Reactions Depend on What You Value and How You Feel [J]. Personnel Psychology, 2009 (62): 163-169.

[85] Greenwood R, Hinings C R. Understanding Radical Organizational Change: Bringing Together the Old and the New Institutionalism [J]. Academy of Management Review, 1996, 21 (4): 1022-1054.

[86] Griffin M A, Neal A, Parker S K. A New Model of Work Role Performa-

nce: Positive Behavior in Uncertain and Interdependent Contexts [J]. Academy of Management Journal, 2007, 50 (2): 342-365.

[87] Groves K S. Linking Leader Skills, Follower Attitudes, and Contextual Variables Via an Integrated Model of Charismatic Leadership [J]. Journal of Management, 2005, 31 (31): 255-277.

[88] Harati B, Belwalkar B, Jerome J. Evidence for Incremental Validity of Proactive Personality in Predicting Task Performance [J]. Psychology Research, 2016, 6 (11): 631-639.

[89] Harris S G, Mossholder K W. The Affective Implications of Perceived Congruence with Culture Dimensions During Organizational Transformation [J]. Journal of Management, 1996, 22 (4): 527-547.

[90] Haynie J J, Flynn C B, Mauldin S. Proactive Personality, Core Self-evaluations, and Engagement: The Role of Negative Emotions [J]. Management Decision, 2017, 55 (2): 450-463.

[91] Herold D M, Fedor D B, Caldwell S D. Beyond Change Management: A Multilevel Investigation of Contextual and Personal Influences on Employees' Commitment to Change [J]. Journal of Applied Psychology, 2007, 92 (4): 942-951.

[92] Herold D M, Fedor D B, Caldwell S D. The Effects of Transformation and Change Leadership on Employees' commitment to a Change: A Multilevel Study [J]. Journal of Applied Psychology, 2008, 93 (2): 346-347.

[93] Herscovitch L, Meyer J P. Commitment to Organizational Change: Extension of a Three-Component Model [J]. Journal of Applied Psychology, 2002, 87 (3): 474-487.

[94] Hill N S, Seo M G, Kang J H. Building Employee Commitment to Change Across Organizational Levels: The Influence of Hierarchical Distance and Direct Managers' Transformational Leadership [J]. Organization Science, 2012, 23 (3): 758-777.

[95] Hiller N J, Sin H P, Ponnapalli A R. Benevolence and Authority as Weirdly Unfamiliar: A Multi-language Meta-analysis of Paternalistic Leadership Behaviors

from 152 Studies [J]. The Leadership Quarterly, 2019, 30 (1): 165-184.

[96] Hobfoll S E. Conservation of Resources: A New Attempt at Conceptualizing Stress [J]. American Psychologist, 1989, 44 (3): 513-524.

[97] Hobfoll S E. The Influence of Culture, Community, and The Nested-self in the Stress Process Advancing Conservation of Resources Theory [J]. Applied Psychology, 2001, 50 (3): 337-421.

[98] Holt D T, Armenakis A A, Field H S. Readiness for Organizational Change: The Systematic Development of a Scale [J]. The Journal of Applied Behavioral Science, 2007, 43 (2): 232-255.

[99] Huang R T, Sun H S, Hsiao C H. Minimizing Counterproductive Work Behaviors: The Roles of Self-determined Motivation and Perceived Job Insecurity in Organizational Change [J]. Journal of Organizational Change Management, 2017, 30 (1): 15-26.

[100] Igor P, Maura G, Adalgisa B. Change-related Expectations and Commitment to Change of Nurses: The Role of Leadership and Communication [J]. Journal of Nursing Management, 2012, 20 (5): 582-591.

[101] Jaffe D T, Scott C D, Tobe G R. Rekindling Commitment: How to Revitalize Yourself, Your Work, and Your Organization [M]. San Francisco: Jossey - Bass, 1994.

[102] Jaros S. Commitment to Organizational Change: A Critical Review [J]. Journal of Change Management, 2010, 10 (1): 79-108.

[103] Jensen M M. Individual Resistance to Organizational Change: The Impact of Personal Control and Job Ambiguity [D]. California: University of Southern California, 2003.

[104] Jia J F, Yan J Q, Cai Y H, Liu Y P. Paradoxical Leadership Incongruence and Chinese Individuals' Followership Behaviors: Moderation Effects of Hierarchical Culture and Perceived Strength of Human Resource Management System [J]. Asian Business & Mansgement, 2018, 17 (5): 313-338.

[105] Jiang Z. Proactive Personality and Career Adaptability: The Role of Thri-

ving at Woric [J]. Journal of Vocational behavior, 2017 (98): 85-97.

[106] Jimmieson N L, Peach M, White K M. Utilizing the Theory of Planned Behavior to Inform Change Management: An Investigation of Employee Intentions to Support Organizational Change [J]. Journal of Applied Behavioral Science, 2008, 44 (2): 237-262.

[107] Jing R T, Van de Ven A H. Toward A Chance Management View of Organizational Change [J]. Management and Organization Review, 2017, 14 (1): 161-178.

[108] Jones R A, Jimmieson N L, Griffiths A. The Impact of Organizational Culture and Reshaping Capabilities on Change Implementation Success: The Mediating Role of Readiness for Change [J]. Journal of Management Studies, 2005, 42 (2): 361-386.

[109] Judge T A, Thoresen C J, Pucik V. Managerial Coping with Organizational Change: A Dispositional Perspective [J]. Journal of Applied Psychology, 1999, 84 (1): 107-122.

[110] Kahn R L, Wolfe D M, Quinn R P. Occupational Stress: Studies in Role Conflict and Ambiguity [J]. Journal of Applied Psychology, 1986, 86 (3): 256-268.

[111] Kalkavan S, Katrinli A. The Effects of Managerial Coaching Behaviors on The Employees' Perception of Job Satisfaction, Organizational Commitment, and Job Performance: Case Study on Insurance Industry in Turkey [J]. Human Resource Development Quarterly, 2014, 24 (4): 459-468.

[112] Kauppila O P, Tempelaar M P. The Social-cognitive Underpinnings of Employees' ambidextrous Behaviour and The Supportive Role of Group Managers' Leadership [J]. Journal of Management Studies, 2016, 53 (6): 1019-1044.

[113] Keller J, Loewenstein J, Yan J. Cultrure, Conditions and Paradoxical Frames [J]. Organization Studies, 2017, 38 (34): 539-560.

[114] Kiefer T. Feeling Bad: Antecedents and Consequences of Negative Emotions in Ongoing Change [J]. Journal of Organizational Behavior, 2005, 26 (8):

875-897.

[115] Kim T G, Hornung S, Rousseau D M. Change-supportive Employee Behavior: Antecedents and The Moderating Role of Time [J]. Journal of Management, 2011, 37 (6): 1664-1693.

[116] Kirrane M, Lennon M, Oconnor C. Linking Perceived Management Support with Employees' Readiness for Change: The Mediating Role of Psychological Capital [J]. Journal of Change Management, 2017, 17 (1): 47-66.

[117] Knight C, Tims M, Gawke J. When Do Job Crafting Interventions Work? The Moderating Roles of Workload, Intervention Intensity, and Participation [J]. Journal of Vocational Behavior, 2021, 124 (4): 103.

[118] Kotter J P. A Force for Change: How Leadership Differs from Management [M]. New York: Free Press, 1990.

[119] Kotter J P. Leading Change [M]. Boston: Harvard Business School Press, 1996.

[120] Lau C M, Woodman R W. Understanding Organizational Change: A Schematic Perspective [J]. Academy of Management Journal, 1995, 38 (2): 537-554.

[121] Lavine M. Paradoxical Leadership and The Competing Values Framework [J]. Academy of Management Meeting, 2014, 7 (1): 51-796.

[122] Lee A, Willis S, Tian A W. Empowering Leadership: A Meta-analytic Examination of Incremental Contribution, Mediation, and Moderation [J]. Journal of Organizational Behavior, 2018, 39 (3): 306-325.

[123] Lee K, Sharif M, Scandura T, Kim J. Procedural Justice as a Moderator of the Relationship between Organizational Change Intensity and Commitment to Organizational Change [J]. Journal of Organizational Change Management, 2017, 30 (4): 501-524.

[124] Lewin K. Frontiers in Group Dynamics: Concept, Method and Reality in Social Science; Social Equilibria and Social Change [J]. Human Relations, 1947 (1): 5-41.

[125] Lewis M W, Andriopoulos C, Smith W K. Paradoxical Leadership to Ena-

ble Strategic Agility [J]. California Management Review, 2014, 56 (3): 58-77.

[126] Lewis M. Exploring Paradox: Toward a More Comprehensive Guide [J]. Academy of Management Review, 2000, 25 (4): 760-776.

[127] Li Q, She Z L, Yang B Y. Promoting Innovative Performance in Multidisciplinary Teams: The Roles of Paradoxical Leadership and Team Perspective Taking [J]. Frontiers in Psychology, 2018 (9): 1083.

[128] Lin C C, Kao Y T, Chen Y L. Fostering Change-oriented Behaviors: A Broaden-and-build Model [J]. Journal of Business and Psychology, 2016, 31 (3): 1-16.

[129] Lines B C, Sullivan K T, Wiezel A. Support for Organizational Change: Change-readiness Outcomes Among AEC Project Teams [J]. Journal of Construction Engineering and Management, 2016, 142 (2): 143-145.

[130] Liu S, Wu Y H, Lin Z. Building Identity in Diverse Teams: The Effect of Paradoxical Leadership on Team Creativity [J]. Academy of Management Proceedings, 2017 (1): 16-40.

[131] Lysova E I, Richardson J, Khapova S N. Change-supportive Employee Behavior: A Carer Identity Explanation [J]. Career Development International, 2015, 20 (1): 38-62.

[132] Mao Y, Kwan H K, Chiu R K, Zhang X. The Impact of Mentorship Quality on Mentors' Personal Leaning and Work-Family Interface Asia Pacific [J]. Journal of Human Resources, 2016, 54 (1): 78-79.

[133] Mercurio Z A. Affective Commitment as a Core Essence of Organizational Commitment: An Integrative Literature Review [J]. Human Resource Development Review, 2015, 14 (4): 389-414.

[134] Meyer C B, Stensaker I G. Developing Capacity for Change [J]. Journal of Change Management, 2006, 6 (2): 217-231.

[135] Meyer J P, Allen N J, Smith C A. Commitment to Organizations and Occupations: Extension and Test of a Three-component Conceptualization [J]. Journa of Applied Psychology, 1993 (78): 538-551.

[136] Meyer J P, Allen N J, Sulsky L M. Commitment in the Workplace: Theory, Research and Application [J]. Canadian Psychology, 1997, 40 (4): 135–145.

[137] Meyer J P, Herscovitch L. Commitment in the Workplace: Toward a General Model [J]. Human Resource Management Review, 2001, 11 (3): 299–326.

[138] Meyer J P, Srinivas E S, Lal J B. Employee Commitment and Support for an Organizational Change: Test of the Three – component Model in Two Cultures [J]. Journal of Occupational & Organizational Psychology, 2007, 80 (2): 185–211.

[139] Michaelis B, Stegmaier R, Sonntag K. Affective Commitment to Change and Innovation Implementation Behavior: The Role of Charismatic Leadership and Employees' Trust in Top Management [J]. Journal of Change Management, 2009, 9 (4): 399–417.

[140] Michel J W, Tews M J. Does Leader–Member Exchange Accentuate the Relationship between Leader Behaviors and Organizational Citizenship Behaviors? [J]. Journal of Leadership & Organizational Studies, 2016, 23 (1): 789–790.

[141] Miller V D, Johnson J R, Grau J. Antecedents to Willingness to Participate in a Planned Organizational Change [J]. Journal of Applied Communication Research, 2021, 22 (1): 59–80.

[142] Naotunna S, Achige D. Perceived Organizational Support and Non–managerial Employees Commitment to Change in Sri Lankan Apparel Firms [J]. South Asian Journal of Human Resources Management, 2016, 3 (1): 40–57.

[143] Neubert M, Wu C. Action Commitments, in Organizations: Accumulated Wisdom and New Directions [M]. New York: Routledge, 2009: 181–210.

[144] Neves P, Caetano A. Commitment to Change: Contributions to Trust in the Supervisor and Work Outcomes [J]. Group & Organization Management, 2009, 34 (6): 623–644.

[145] Neves P. Readiness for Change: Contributions for Employee's Level of Individual Change and Turnover Intentions [J]. Journal of Change Management, 2009, 9 (2): 215–231.

[146] Nilforooshan P, Salimi S. Career Adaptability as Mediator Between Person-

ality and Career Engagement [J]. Journal of Vocational Behavior, 2016 (94): 1-10.

[147] Nohe C, Michaelis B, Menges J I. Charisma and Organizational Change: A Multilevel Study of Perceived Charisma, Commitment to Change, and Team Performance [J]. Leadership Quarterly, 2013, 24 (2): 378-389.

[148] Nordin N. The Influence of Leadership Behavior and Organizational Commitment on Organizational Readiness for Change in a Higher Learning Institution [J]. Asia Pacific Education Review, 2012, 13 (2): 239-249.

[149] Oreg S, Vakola M, Armenakis A. Change Recipients' Reactions to Organizational Change: A 60-year Review of Quantitative Studies [J]. Journal of Applied Behavioral Science, 2011, 47 (4): 461-524.

[150] Oreg S. Personality, Context, and Resistance to Organizational Change [J]. European Journal of Work & Organizational Psychology, 2006, 15 (1): 73-101.

[151] Parish J T, Cadwallader S, Busch P. Want to, Need to, Ought to: Employee Commitment to Organizational Change [J]. Journal of Organizational Change Management, 2008, 1 (1): 32-52.

[152] Park C H, Song J H, Lim D H. The Innfluences of Openness to Change, Knowledge Sharing Intention and Knowledge Creation Practice on Employees' Creativity in the Korean Punlic Sector Context [J]. Human Resource Development International, 2014, 17 (2): 203-221.

[153] Parker S K, Bindl U K, Strauss K. Making Things Happen: A Model of Proactive Motivation [J]. Journal of Management, 2010, 36 (4): 827-856.

[154] Parker S K, Williams H M, Turner N. Modeling the Antecedents of Proactive Behavior at Work [J]. Journal of Applied Psychology, 2006 (9): 135-139.

[155] Peach M, Jimmieson N L, White K M. Beliefs Underlying Employee Readiness to Support a Building Relocation: A Theory of Planned Behavior Perspective [J]. Organization Development Journal, 2005 (23): 9-22.

[156] Pearce C L, Wassenaar C L, Berson Y. Toward a Theory of Meta-paradoxical Leadership [J]. Organizational Behavior and Human Decision Processes, 2019 (155): 31-41.

[157] Peccei R, Giangreco A, Sebastiano A. The Role of Organizational Commitment in the Analysis of Resistance to Change: Co-predictor and Moderator Effects [J]. Personnel Review, 2011, 40 (2): 171-184.

[158] Peterson S J, Zhang Z. Examining The Relation Ships Between Top Management Team Psychological Characteristics, Transformational Leadership, and Business Unit Performance [M]. New York: Edward Elgar, 2011.

[159] Petrou P, Bakker A B, Bezemer K. Creativity Under Task Conflict: The Role of Proactively Increasing Job Resources [J]. Journal of Occupational and Organizational Psychology, 2018, 41 (8): 128-132.

[160] Piderit S K. Rethinking Resistance and Recognizing Ambivalence: A Multidimensional View of Attitudes Toward an Organizational Change [J]. Academy of Management Review, 2000, 25 (4): 83-794.

[161] Podsak P M, Mackenzie S B, Moorman R H, Fetter R. Transformational Leader Behaviors and Their Effects on Followers Trust in Leader, Satisfaction, and Organizational Citizenship Behaviors [J]. The Leadership Quarterly, 1990, 1 (2): 107-142.

[162] Podsakoff P M, MacKenzie S B, Lee J Y, Podsakoff N P. Common Method Biases in Behavioral Research: A Critical Review of The Literature and Recommended Remedies [J]. Journal of Applied Psychology, 2003, 88 (5): 879-903.

[163] Podsakoff P M, Organ D W. Self-reports in Organizational Research: Problems and Prospects [J]. Journal of Management, 1986, 12 (4): 69-82.

[164] Portoghese I, Galletta M, Battistelli A. Change-related Expectations and Commitment to Change of Nurses: The Role of Leadership and Communication [J]. Journal of Nursing Management, 2012, 20 (5): 582-591.

[165] Powell D M, Meyer J P. Side-bet Theory and The Three-component Model of Organizational Commitment [J]. Journal of Vocational Behavior, 1994, 35 (65): 157-177.

[166] Preacher K J, Hayes A F. SPSS and SAS Procedures for Estimating Indirect Effects in Simple Mediation Models [J]. Behavior Research Methods, Instrume-

nts, & Computers, 2004, 36 (4): 717-731.

[167] Putnam L L, Fairhurst G T, Banghart S. Contradictions, Dialectics, and Paradoxes in Organizations: A Constitutive Approach [J]. The Academy of Management Annals, 2016, 10 (1): 65-71.

[168] Rafferty A E, Jimmieson N L, Armenakis A A. Change Readiness: A Multilevel Review [J]. Journal of Management, 2013, 39 (1): 110-135.

[169] Reger R K, Gustafson L T, Demarie S M. Reframing The Organization: Why Implementing Total Quality is Easier Said Than Done [J]. Academy of Management Review, 1994, 19 (3): 565-584.

[170] Ren D, Zhu B. How Does Paradoxical Leadership Affect Innovation in Teams: An Integrated Multilevel Dual Process Model [J]. Human Systems Management, 2020, 39 (1): 11-26.

[171] Robertson J, Roberts D, Porras J. Dynamics of Planned Organizational Change: Assessing Empirical Support for a Theoretical Model [J]. Academy of Management Journal, 1993, 36 (3): 619-634.

[172] Robinson O, Griffiths A. Coping With The Stress of Transformational Change in a Government Department [J]. Journal of Applied Behavioral Science, 2005, 41 (2): 204-221.

[173] Robinson S L, Kraatz M S, Rousseau D M. Changing Obligations and The Psychological Contract: A Longitudinal Study [J]. Academy of Management Journal, 1994, 37 (1): 137-152.

[174] Rosing K, Frese M, Bausch A. Explaining The Heterogeneity of the Leadership–innovation Relationship: Ambidextrous Leadership [J]. Leadership Quarterly, 2011, 22 (5): 956-974.

[175] Rothmann S, Welsh C. Employee Engagement: The Role of Psychological Conditions [J]. Management Dynamics, 2013, 22 (1): 14-25.

[176] Rousseau D M, Tijoriwala S A. What's a Good Reason to Change? Motivated Reasoning and Social Accounts in Promoting Organizational Change [J]. Journal of Applied Psychology, 1999, 84 (4): 514-528.

[177] Runtian J, Andrew H, Vande V. A Yin–Yang Model of Organizational Change: The Case of Chengdu Bus Group [J]. Management & Organization Review, 2014, 10 (1): 29-54.

[178] Sargent L D, Sue-Chan C. Does Diversity Affect Group Efficacy? The Intervening Role of Cohesion and Task Interdependence [J]. Small Group Research, 2001, 32 (4): 426-450.

[179] Saulsbury M D, Brown U J, Heyliger S O. Effect of Dispositional Traits on Pharmacy Students'Attitude Toward Cheating [J]. American Journal of Pharmaceutical Education, 2011, 75 (4): 1-8.

[180] Schneider B, Brief A P, Guzzo R A. Creating a Climate and Culture for Sustainable Organizational Change [J]. Organizational Dynamics, 2011, 24 (4): 7-19.

[181] Schreiner E. Ambidextrous Leaders and Employee Innovation, Well–being, Leader Perception: A Moderation [J]. Academy of Management Proceedings, 2017, 4 (2): 124-128.

[182] Seibert S E, Crant J M, Kraimer M L. Proactive Personality and Career Success [J]. Journal of Applied Psychology, 1999, 84 (3): 416-427.

[183] Self D R, Armenakis A A, Schraeder M. Organizational Change Content, Process, and Context: A Simultaneous Analysis of Employee Reactions [J]. Journal of Change Management, 2007, 7 (2): 211-229.

[184] Shah N, Irani Z, Sharif A M. Big Data in an HR Context: Exploring Organizational Change Readiness, Employee Attitudes and Behaviors [J]. Journal of Business Research, 2017, 70 (4): 366-378.

[185] Shao Y, Nijstad B A, Tauber S. Creativity under Workload Pressure and Integrative Complexity: The Double-edged Sword of Paradoxical Leadership [J]. Organizational Behavior and Human Decision Processes, 2019 (155): 7-19.

[186] Sharifkhani M, Pool J K, Asian S. The Impact of Leader–member Exchange on Knowledge Sharing and Performance [J]. Journal of Science & Technology Policy Management, 2016, 7 (3): 289-305.

[187] She Z, Li Q. Paradoxical Leader Behaviors and Follower Job Performance: Examining a Moderated Mediation Model [J]. Academy of Management Annual Meeting Proceedings, 2017, 65 (1): 35-58.

[188] Sheard G. Leadership Styles and Organizational Commitment: Literature Review [J]. Journal of Management Development, 2016, 35 (2): 190-216.

[189] Shin J, Taylor M S, Seo M G. Resources for Change: The Relationships of Organizational Inducements and Psychological Resilience to Employees' Attitudes and Behaviors Toward Organizational Change [J]. Academy of Management Journal, 2012, 55 (3): 727-748.

[190] Shin S J, Zhou J. When Is Educational Specialization Heterogeneity Related to Creativity in Research and Development Teams? Transformational Leadership as a Moderator [J]. Journal of Applied Psychology, 2007, 92 (6): 1709-1721.

[191] Shum P, Bove L, Auh S. Employees' Affective Commitment to Change: The Key to Successful CRM Implementation [J]. European Journal of Marketing, 2008, 42 (12): 1346-1371.

[192] Slawinski N, Bansal P. Short on Time: Intertemporal Tensions in Business Sustainability [J]. Organization Science, 2015, 26 (2): 531-549.

[193] Smith C A, Organ D W, Near J P. Organizational Citizenship Behavior: Its Nature and Antecedents [J]. Journal of Applied Psychology, 1983, 68 (4): 653-663.

[194] Smith W K, Besharov M L, Wessels A K. A Paradoxical Leadership Model for Social Entrepreneurs: Challenges, Leadership Skills, and Pedagogical Tools for Managing Social and Commercial Demands [J]. Academy of Management Learning & Education, 2012, 11 (3): 463-478.

[195] Smith W K, Lewis M W. Toward a Theory of Paradox: A Dynamic Equilibrium Model of Organizing [J]. Academy of Management Review, 2011, 36 (2): 381-403.

[196] Smith W K. Dynamic Decision Making: A Model of Senior Leaders Managing Strategic Paradoxes [J]. Academy of Management Journal, 2014, 57 (6):

1592-1623.

[197] Somers M J. The Combined Influence of Affective, Continuance and Normative Commitment on Employee Withdrawal [J]. Journal of Vocational Behavior, 2009, 74 (1): 75-81.

[198] Soparnot R. The Concept of Organizational Change Capacity [J]. Journal of Organizational Change Management, 2011, 24 (5): 640-661.

[199] Sorge A, Van A. The (non) sense of Organizational Change: An Essai About Universal Management Hypes, Sick Consultancy Metaphors and Healthy Organization Theories [J]. Organization Studies, 2004, 25 (7): 1205-1231.

[200] Stanley D J, Meyer J P, Topolnytsky L. Employee Cynicism and Resistance to Organizational Change [J]. Journal of Business and Psychology, 2005, 19 (4): 429-459.

[201] Strauss A, Corbin J. Basics of Qualitative Research [M]. Thousand Oaks, CA: Sage Publications. 1998.

[202] Swailes S. Organizational Commitment: A Critique of The Construct and Measures [J]. International Journal of Management Reviews, 2002, 4 (2): 155-178.

[203] Sweet K M, Witt L A, Shoss M K. The Interactive Effect of Leader-member Exchange and Perceived Organizational Support on Employee Adaptive Performance [J]. Journal of Organizational Psychology, 2015, 15 (1): 49-62.

[204] Tai G K, Hornung S, Rousseau D M. Change-Supportive Employee Behavior: Antecedents and the Moderating Role of Time [J]. Journal of the Southern Management Association, 2011, 37 (6): 1664-1693.

[205] Thisted C N, Labriola M, Nielsen C V. Understanding Depression as a Workplace Issue: Clarifying Employers' attitudes to Manage Employees With Depression [J]. Work, 2020, 65 (9): 1-12.

[206] Thompson J A. Commitment Shift During Organizational Upheaval: Physicians' Transitions from Private Practitioner to Employee [J]. Journal of Vocational Behavior, 2012, 60 (4): 382-404.

[207] Tolentino L R, Garcia P R, Lu V N, Career Adaptation: The Relation of Adaptability to Goal Orientation, Proactive Personality, and Career Optimism [J]. Journal of Vocational Behavior, 2014, 84 (1): 39-48.

[208] Tornau K, Frese M. Construct Clean-up in Proactivity Research: A Meta-analysis on The Nomological Net of Work-related Proactivity Concepts and Their Incremental Validities [J]. Applied Psychology: An International Review, 2013, 62 (7): 44-96.

[209] Totawar A K, Nambudiri R. How Does Organizational Justice Influence Job Satisfaction and Organizational Commitment Explaining with Psychological Capital [J]. Vikalp: The Journal for Decision Makers, 2014, 39 (2): 83-97.

[210] Tripathi N. Hindrance or Challenge: Dynamics of Paradoxical Leadership and Subordinate's Work Motivation [J]. Academy of Management Proceedings, 2017 (1): 106-111.

[211] Turnley W H, Bolino M C, Lester S W, Bloodgood J M. The Impact of Psychological Contract Fulfillment on the Performance of In-role and Organizational Citizenship Behaviors [J]. Journal of Management, 2003, 29 (2): 187-206.

[212] Vakola M. What's in There for Me? Individual Readiness to Change and the Perceived Impact of Organizational Change [J]. Leadership & Organization Development Journal, 2014, 35 (3): 195-209.

[213] Voet J D, Kuipers B S, Groeneveld S. Implementing Change in Public Organizations: The Relationship Between Leadership and Affective Commitment to Change in a Public Sector Context [J]. Public Management Review, 2015, 18 (6): 842-865.

[214] Waldman D A, Bowen D E. Learning to Be a Paradox-savvy Leader [J]. Engineering Management Review, 2016, 44 (4): 94-105.

[215] Waldman D A, Putnam L L, Miron-Spektor E. The Role of Paradox Theory in Decision Making and Management Research [J]. Organizational Behavior and Human Decision Processes, 2019 (155): 1-6.

[216] Walker H J, Armenakis A A, Bernerth J B. Factors Influencing Organiza-

tional Change Efforts: An Integrative Investigation of Change Content, Context, Process and Individual Differences [J]. Journal of Organizational Change Management, 2007, 20 (6): 761-773.

[217] Wanberg C R, Banas J T. Predictors and Outcomes of Openness to Changes in a Reorganizing Workplace [J]. Journal of Applied Psychology, 2008, 5 (1): 132-134.

[218] Wang L. The Relationship between Employee Psychological Capital and Change-supportive Behavior Mediating Effect of Cognitive of Change [J]. Open Journal of Social Sciences, 2015, 3 (4): 125-133.

[219] Wang Z, Zhang J, Thomas C L, Yu J, Spitzmueller C. Explaining Benefits of Employee Proactive Personality: The Role of Engagement, Teamproactivity Composition and Perceived Organizational Support [J]. Journal of Vocational Behavior, 2017 (101): 90-103.

[220] Wasti S A. Organizational Commitment, Turnover Intentions and the Influence of Cultural Values [J]. Organizational Dynamics, 2003, 76 (3): 303-321.

[221] Wen L. Yazdanifard R R. A Multidimensional Review on Organizational Change's Perspectives, Theories, Models, and Types of Change: Factors Leading to Success or Failure Organizational Change [J]. Global Perspectives on Engineering Management, 2014, 3 (2): 27-33.

[222] Woodman W R. Understanding Organizational Change: A Schematic Perspective [J]. Academy of Management Journal, 1995, 8 (2): 537-554.

[223] Xu X, Payne S C, Horner M T, Individual Difference Predictors of Perceived Organizational Change Fairness [J]. Journal of Managerial Psychology, 2016, 31 (2): 420-433.

[224] Xue Y, Li X, Liang H. How Does Paradoxical Leadership Affect Employees' Voice Behaviors in Workplace? A Leader-Member Exchange Perspective [J]. International Journal of Environmental Research and Public Health, 2020, 17 (4): 351-356.

[225] Yang Y, Li Z Q, Liang L. Why and When Paradoxical Leader Behavior

Impact Employee Creativity：Thriving at Work and Psychological Safety ［J］. Current Psychology，2019（7）：89-98.

［226］Yin R K. Case Study Research：Design and Methods ［M］. Thousand Oaks，CA：Sage Pubications，2014.

［227］Yousef D A. Organizational Commitment，Job Satisfaction and Attitudes Toward Organizational Change：A Study in the Local Government ［J］. International Journal of Public Administration，2017，40（1）：1-12.

［228］Zhang H Y，Han Y L. Paradoxical Leader Behavior in Long-term Corporate Development：Antecedents and Consequences ［J］. Organizational Behavior and Human Decision Processes，2019（155）：42-54.

［229］Zhang H Y，Ou A Y，Tsui A S. CEO Humility，Narcissism and Firm Innovation：A Paradox Perspective on CEO Traits ［J］. The Leadership Quarterly，2017，28（5）：585-604.

［230］Zhang H Y，Tsui A S，Wang D X. Leadership Behaviors and Group Creativity in Chinese Organizations：The Role of Group Processes ［J］. The Leadership Quarterly，2011，22（5）：851-862.

［231］Zhang H Y，Waldman D A，Han Y，Li X. Paradoxical Leader Behaviors in People Management：Antecedents and Consequences ［J］. Academy of Management Journal，2015，58（2）：538-566.

［232］Zhao X，Zhou M，Liu Q，Kang H. Proactive Personality as a Moderator Between Work Stress and Employees Internal Growth ［J］. International Journal of Social Behavior and Personality，2016，44（4）：603-617.

［233］柏帅蛟，井润田，陈璐，李贵卿. 变革氛围感知和变革承诺：一个调节模型 ［J］. 管理评论，2017，29（7）：114-121.

［234］柏帅蛟. 基于计划行为理论视角的变革支持行为研究 ［D］. 电子科技大学，2016.

［235］包利民. 怀疑论：是悖论还是一种新哲学？——论希腊怀疑论的启示 ［J］. 杭州大学学报（哲学社会科学版），1992（2）：117-123.

［236］曹晓丽，彭晨，张王琼. 变革型领导对高校教师变革支持行为的影

响：有调节的中介效应模型 [J]．心理与行为研究，2021，36（10）：273-279.

[237] 陈海啸，关浩光．悖论式领导行为如何促进员工工作——家庭平衡？[J]．外国经济与管理，2021（1）：16-19.

[238] 陈海英．传统文化视角下的悖论领导力与华为集团的灰度管理 [D]．北京交通大学，2017.

[239] 陈亮，张小林．变革领导力对员工变革支持行为的影响研究——工作激情的中介作用 [J]．世界科技研究与发展，2014，35（2）：53-58.

[240] 陈瑞，郑毓煌，刘文静．中介效应分析：原理、程序、Bootstrap 方法及其应用 [J]．营销科学学报，2013（4）：120-135.

[241] 段锦云，张晨，田晓明．员工建言行为的发生机制：来自领导的影响 [J]．中国人力资源开发，2016（5）：16-26.

[242] 冯彩玲，魏一，张光旭．资源保存理论视角下员工变革承诺的形成机制与效果：一个概念模型 [J]．中国人力资源开发，2014（15）：51-55.

[243] 付正茂．悖论式领导行为对双元创新能力的影响：知识共享的中介作用 [J]．兰州财经大学学报，2017，33（1）：11-20.

[244] 韩雪亮．管理者情感依恋对变革支持的影响研究 [J]．中国人力资源开发，2017（6）：23-33.

[245] 何显富．企业社会责任、道德型领导行为对员工组织公民行为影响及其作用机理研究 [D]．西南交通大学，2011.

[246] 贾旭东，谭新辉．经典扎根理论及其精神对中国管理研究的现实价值 [J]．管理学报，2010，7（5）：656-665.

[247] 金灿荣．如何深入理解世界正面临百年未有之大变局 [J]．领导科学论坛，2019，14（7）：66-77.

[248] 科恩．领导变革实务 [M]．北京：商务印书馆，2008.

[249] 邝磊，郑雯雯，林崇德，杨萌，刘力．大学生的经济信心与职业决策自我效能的关系——归因和主动性人格的调节作用 [J]．心理学报，2011，43（9）：1063-1074.

[250] 李焕荣，洪美霞．员工主动性人格与职业生涯成功的关系研究——对职业弹性中介作用的检验 [J]．中国人力资源开发，2012（4）：9-12.

［251］李锡元，夏艺熙．悖论式领导行为对员工适应性绩效的双刃剑效应——工作活力和角色压力的中介作用［J］．软科学，2022，36（2）：104-109.

［252］李锡元，闫冬，王琳．悖论式领导行为对员工建言行为的影响：心理安全感和调节焦点的作用［J］．企业经济，2018，37（3）：102-109.

［253］梁萧阳．变革型领导对员工变革情感承诺的影响研究［D］．鲁东大学，2020.

［254］蔺彩娜．中国传统哲学整体观及其当代价值［D］．哈尔滨工业大学，2012.

［255］刘善堂，刘洪．复杂环境中悖论式领导行为的应对能力研究［J］．现代管理科学，2015（10）：13-15.

［256］刘万利，张天华．主动性人格、感知风险与创业机会识别关系研究［J］．科技进步与对策，2014（3）：14-19.

［257］刘晓梅．包容型领导与变革支持行为的关系：团队心理安全感与情感承诺的作用研究［D］．华南理工大学，2019.

［258］刘懿宸．悖论式领导行为对员工变革支持行为的影响研究［D］．青岛大学，2021.

［259］罗瑾琏，胡文安，钟竞．双元领导对团队创新的影响机制研究——基于互动认知的视角［J］．华东经济管理，2016，30（7）：10-17.

［260］马超．主动性人格对工作投入的影响：工作要求与资源的调节作用［D］．电子科技大学，2017.

［261］苗思意．主动性人格对变革支持行为的影响：职业适应力与组织支持感的作用［D］．中国科学技术大学，2019.

［262］宁静．员工对组织变革的结果预期——变革承诺与压力反应研究［D］．电子科技大学，2013.

［263］裴彩霞．工作不安全感，领导变革管理行为对员工创新行为的影响研究［D］．厦门大学，2017.

［264］彭伟，李慧，周欣怡．悖论式领导行为对员工创造力的跨层次作用机制研究［J］．科研管理，2020，41（12）：10-15.

［265］彭伟，李慧．悖论式领导行为对员工主动行为的影响机制——团队内

部网络连带强度与上下级关系的作用 [J]. 外国经济与管理，2018（7）：142-154.

[266] 彭伟，马越. 悖论式领导行为对团队创造力的影响机制——社会网络理论视角 [J]. 科技进步与对策，2018（12）：1-8.

[267] 卿涛，刘崇瑞. 主动性人格与员工建言行为：领导—成员交换与中庸思维的作用 [J]. 四川大学学报（哲学社会科学版），2014（1）：127-134.

[268] 冉涛. 华为灰度管理法 [M]. 北京：中信出版社，2019.

[269] 任正非. 管理的灰度 [J]. 商界（评论），2010（4）：48-50.

[270] 阮文宇，付景涛. 自恋型领导对员工主动行为的影响——基于不合规任务感知的中介作用 [J]. 领导科学，2022（8）：4-8.

[271] 沈雪萍，胡湜. 大学生主动性人格与求职清晰度的关系：职业使命感的中介与调节作用 [J]. 中国临床心理学杂志，2015，23（1）：166-170.

[272] 施让龙，张珈祯，黄良志. 员工主动性人格特质、工作热情、知觉组织支持及职涯满意的实证研究 [J]. 管理评论，2017，29（2）：114-128.

[273] 苏勇，雷霆. 悖论式领导行为对员工创造力的影响：基于工作激情的中介作用 [J]. 技术经济，2018（9）：10-17.

[274] 孙柯意，张博坚. 悖论式领导行为对变革支持行为的影响机制——基于员工特质正念的调节作用 [J]. 技术经济与管理研究，2019（8）：45-50.

[275] 孙利平，凌文辁. 德行领导对员工行为的影响研究 [J]. 理论探讨，2010（4）：4-10.

[276] 谭乐，蒿坡，杨晓，宋合义. 悖论式领导：研究述评与展望 [J]. 外国经济与管理，2020，42（4）：63-79.

[277] 王朝晖. 悖论式领导行为如何让员工两全其美？——心理安全感和工作繁荣感的多重中介作用 [J]. 外国经济与管理，2018（13）：107-120.

[278] 王丽璇. 教练型领导对下属变革支持行为的跨层次影响研究 [D]. 华南理工大学，2019.

[279] 王明辉. 员工变革承诺研究：概念、测量、诱因及效果 [J]. 南京师大学报（社会科学版），2012（6）：103-109.

[280] 王雁飞，龚丽，郭子生，等. 基于依恋理论的包容型领导与员工变革

支持行为关系研究 [J]. 管理学报, 2021, 18 (7): 9-15.

[281] 王永跃. 组织中员工人格特征与心理契约关系研究评述 [J]. 重庆工商大学学报 (社会科学版), 2012, 29 (5): 56-62.

[282] 王忠军, 龙立荣, 刘丽丹. 社会交换与公平视角下的员工——领导关系: 个体的收益与集体的成本 [J]. 中国人力资源开发, 2016 (21): 11-15.

[283] 魏江茹, 李雪, 宋君. 华为创新发展过程中企业家悖论式领导行为研究 [J]. 管理案例研究与评论, 2020, 13 (5): 13-18.

[284] 翁清雄, 陈国清. 组织承诺的理论溯源与最新研究进展 [J]. 科学学与科学技术管理, 2009, 30 (11): 27-34.

[285] 吴晓波. 华为管理变革 [M]. 北京: 中信出版社, 2017.

[286] 武亚军. "战略框架式思考"、"悖论整合"与企业竞争优势——任正非的认知模式分析及管理启示 [J]. 管理世界, 2013 (4): 150-167.

[287] 谢俊, 严鸣. 积极应对还是逃避? 主动性人格对职场排斥与组织公民行为的影响机制 [J]. 心理学报, 2016, 48 (10): 1314-1325.

[288] 熊红星, 张璟, 叶宝娟, 郑雪, 孙配贞. 共同方法变异的影响及其统计控制途径的模型分析 [J]. 心理科学进展, 2012, 20 (5): 757-769.

[289] 许苗苗, 郑文智. 员工变革支持行为预测模型建构——基于行为推理理论视角 [J]. 科技与经济, 2016, 29 (4): 5-10.

[290] 阎波, 吴建南. 问责、组织政治知觉与印象管理: 目标责任考核情境下的实证研究. 管理评论, 2013, 25 (11): 74-84.

[291] 姚波, 孙晓琳. 员工角色压力研究评述 [J]. 西安财经学院学报, 2007, 20 (2): 4-13.

[292] 叶江. 铸牢中华民族共同体意识的目标和方向——从当今世界正面临百年未有之大变局谈起 [J]. 民族研究, 2021 (4): 12-19.

[293] 袁翔珠. 道家思想对中国传统法律文化格局之影响 [J]. 北方法学, 2009 (4): 12-24.

[294] 张光磊, 祝吟, 祝养浩, 高凯. 包容型领导与员工主动变革行为: 工作投入和主动性人格的影响 [J]. 珞珈管理评论, 2021 (4): 23-35.

[295] 张婕, 樊耘, 纪晓鹏. 组织变革因素与员工对变革反应关系研究

[J]. 管理评论，2013（11）：53-64.

[296] 张琳，席酉民，徐立国. 基于领导者个体层面组织资源获取策略的形成与分类研究 [J]. 管理学报，2021，18（8）：10-19.

[297] 张寒. 变革型领导对员工变革支持行为的影响研究 [D]. 天津商业大学，2019.

[298] 张璐. 新兴领导方式：悖论式领导行为 [J]. 现代管理，2022，12（4）：11-20.

[299] 张启航. 员工结组织变革的行为立场二元选择机制研究：基于情绪的差异作用 [D]. 浙江大学，2010.

[300] 章伟文. 浅谈道教的阴阳鱼太极图 [J]. 中国道教，1999（5）：5-13.

[301] 赵冰璐. 组织支持对员工创新行为的影响：组织自尊与主动性人格的作用 [D]. 华南理工大学，2019.

[302] 赵红丹，郭利敏，罗瑾琏. 双元领导的双刃剑效应——基于认知紧张与工作活力双路径 [J]. 管理评论，2021，33（8）：211-223.

[303] 赵蕾，翟心宇. 工作自主性对员工建言行为的影响——工作投入和主动性人格的作用 [J]. 中国社会科学院研究生院学报，2018，228（6）：35-46.

[304] 赵玉田，王玉业. 工作要求—资源理论视角下差序式领导对员工工作投入的影响分析 [J]. 领导科学，2022（5）：3-12.

[305] 郑建军. 人力资源弹性、组织承诺与工作绩效的关系研究 [D]. 广东工业大学，2008.

[306] 钟志宏. 组织公平、领导—成员交换对员工工作绩效的影响 [D]. 华南师范大学，2010.

[307] 周浩，龙立荣. 共同方法偏差的统计检验与控制方法 [J]. 心理科学进展，2004，12（6）：942-950.

[308] 周良海. 教练型领导的内容结构及其对变革支持行为的影响机理研究 [D]. 华南理工大学，2018.

[309] 朱其权，龙立荣. 变革公平研究评述 [J]. 心理科学进展，2011（2）：35-67.

附　录

附录1　领导调查问卷

编号：＿＿＿＿＿＿＿＿＿

领导调查问卷

尊敬的先生/女生：

您好！

首先感谢您在百忙中填写此次问卷，这是一份关于领导和员工变革支持行为的调查问卷。本次问卷调查的数据仅用于学术研究，与员工绩效考核、档案材料和晋升无任何关系，也不会影响到您在单位内的薪酬待遇，请您放心地按照自己的真实感受和想法如实独立地进行作答。您的真实填答能够让我们收集到准确可靠的数据信息，对我们的研究结果具有重要的意义。

问卷采取完全匿名的方式，所收集的数据将严格保密，非本课题研究人员将无法访问，研究结果仅报告基于统计分析的最终结果，不会涉及任何单位和个人的信息。问卷没有预设正确答案，您对任何问题的回答没有对错之分，因此，请您根据自己的真实想法和判断完成问卷填写。再次感谢您参与本次调查，如果您有任何疑问或建议，请随时联系我们。祝您工作愉快，身体健康！

第一部分：个人信息（请在您的选项前□上打钩√）

1. 性别：□男　　　□女

2. 年龄：□25 岁及以下　　　□26~35 岁　　　□36~45 岁　　　□45 岁以上

3. 学历：□高中及中专以下　　　□专科　　　□本科　　　□硕士及以上

4. 工作年限：□0~5 年　　　□6~10 年　　　□10 年以上

第二部分　组织变革中您对直属下级员工的看法和评价

组织合并、并购、薪酬制度调整、绩效和晋升考核制度调整、部门构成和岗位结构的调整、管理制度的调整等都属于组织变革，当您在推行组织变革活动时，您的下属员工的态度是怎样的？根据员工实际表现情况，在以下陈述中选择对应的选项，并在右边对应的数字上画"○"或者"√"。

请根据您的真实想法，不必参考别人的意见，对以下的每一个陈述进行判断。

该员工在组织变革中表现的工作行为	完全不同意	比较不同意	不能确定	比较同意	完全同意
1. 该员工向上级表达过对变革的看法	1	2	3	4	5
2. 该员工和同事或下属探讨与变革有关的问题	1	2	3	4	5
3. 该员工向上级提出过并得到认可的与变革有关的建议	1	2	3	4	5

问卷到此结束，再次感谢您的参与！

附录2　员工调查问卷

编号：＿＿＿＿＿＿＿＿＿＿＿

员工调查问卷

尊敬的女生/先生：

您好！

首先感谢您在百忙中填写此次问卷，这是一份关于领导和员工变革支持行为的调查问卷。本次问卷调查的数据仅用于学术研究，与员工绩效考核、档案材料和晋升无任何关系，也不会影响到您在单位内的薪酬待遇，希望您放心地按照自己的真实感受和想法进行作答。您的真实填答能够让我们收集到准确可靠的数据信息，对我们的研究结果具有重要的意义。

问卷采取完全匿名的方式，所收集的数据将严格保密，非本课题研究人员将无法访问，研究结果仅报告基于统计分析的最终结果，不会涉及任何单位和个人的信息。问卷没有预设正确答案，您对任何问题的回答没有对错之分，因此，请您根据自己的真实想法和判断完成问卷填写。再次感谢您参与本次调查，如果您有任何疑问或建议，请随时联系我们。祝您工作愉快，身体健康！

第一部分：个人信息（请在您的选项前□上打钩√）

1. 性别：□男　　□女

2. 年龄：□25 岁及以下　　□26～35 岁　　□36～45 岁　　□45 岁以上

3. 学历：□高中及中专以下　　□专科　　□本科　　□硕士及以上

4. 工作年限：□0～5 年　　□6～10 年　　□10 年以上

第二部分　对直接上级领导的看法和评价

以下是您对领导表现出来的行为方式感知，即您感知或认知到您的领导表现出这样的行为风格。请根据您的真实想法，不必参考别人的意见，对以下的每一个陈述进行判断，并在右边对应的数字上画"○"或者"√"。

您对直接上级的看法如何？	完全不同意	比较不同意	不能确定	比较同意	完全同意
1. 在工作上与下属保持距离，但处事待物上平易近人	1	2	3	4	5
2. 与下属保持一定距离，但并不冷漠	1	2	3	4	5
3. 维持层级差异，但维护下属尊严	1	2	3	4	5
4. 认识到上级与下属的区别，但并不因为是上司而显示优越感	1	2	3	4	5
5. 对工作表现要求极高，但不过分苛求	1	2	3	4	5
6. 具有严格的工作要求，但准许下属犯错	1	2	3	4	5
7. 强调工作表现一致性，但也准许有例外情况	1	2	3	4	5

您对直接上级的看法如何？	完全不同意	比较不同意	不能确定	比较同意	完全同意
8. 保持整体控制，但也将适当的自主决策权下放给下属	1	2	3	4	5
9. 厘清工作要求，但不涉及微观层面的细节	1	2	3	4	5
10. 在重大议题上做出决定，但将不太重要的议题放权给下属	1	2	3	4	5
11. 控制重要的工作议题，但也准许下属自行处理细节	1	2	3	4	5
12. 替下属做出最终决定，但也准许他们自己控制工作进程	1	2	3	4	5
13. 对自己的想法和信仰很自信，但也承认自己需要向他人学习	1	2	3	4	5
14. 坚持自己的观点，但也意识到个人缺陷和他人的价值	1	2	3	4	5
15. 坚持要求他人懂得尊重，但同时也尊重他人	1	2	3	4	5
16. 喜欢成为关注的焦点，但也准许他人出风头	1	2	3	4	5
17. 有想要去领导的欲望，但也准许他人共享领导的角色	1	2	3	4	5
18. 施加同等的工作负担，但也考虑到每个下属处理不同工作的优势和能力	1	2	3	4	5
19. 统一管理下属，但也考虑到他们的个性化需求	1	2	3	4	5
20. 统一不带有歧视地与下属交流，但根据下属的性格和需要转换沟通风格	1	2	3	4	5
21. 用公正的方式一致对待所有下属，但也认同他们有独特的个性	1	2	3	4	5
22. 将所有下属放在平等的位置，但也考虑到他们的特质和个性	1	2	3	4	5

第三部分　组织变革时的态度情况

组织合并、并购、薪酬制度调整、部门构成和岗位结构的调整、管理制度的调整等都属于组织变革，当上级领导在推行组织变革活动时，您的态度是怎样的？请您根据自己的真实想法，不必参考别人的意见，对以下的每一个陈述进行判断，并在右边对应的数字上画"〇"或者"√"。

您对组织变革的态度是怎样的？	完全不同意	比较不同意	不能确定	比较同意	完全同意
1. 我相信此次变革是很有价值的	1	2	3	4	5
2. 此次变革对公司来说是一个很好的战略	1	2	3	4	5
3. 此次变革是基于一个非常重要的目标	1	2	3	4	5
4. 我认为管理层引入此次变革非常正确	1	2	3	4	5
5. 如果没有这次变革，事情可能不会变得更好	1	2	3	4	5
6. 此次变革是很有必要的	1	2	3	4	5
7. 我感觉有责任努力推进此次变革	1	2	3	4	5
8. 我并不认为反对此次变革是正确的	1	2	3	4	5
9. 我会因为反对此次变革而感到遗憾	1	2	3	4	5
10. 对我来说，抵制此次变革是不负责任的表现	1	2	3	4	5
11. 如果反对此次变革，我会感到内疚	1	2	3	4	5
12. 我觉得自己有责任和义务来支持此次变革	1	2	3	4	5

第四部分　角色压力

当您的上级领导行为表现为矛盾整合性的思维和管理行为方式时，您是否产生以下的感知或感受？请您根据自己的真实想法，不必参考别人的意见，对以下的每一个陈述进行判断，并在右边对应的数字上画"○"或者"√"。

选择符合自己真实情形的答案	完全不同意	比较不同意	不能确定	比较同意	完全同意
1. 我经常面对一些目标彼此冲突的情形	1	2	3	4	5
2. 我从两个或者更多的人那里接收到相互矛盾的要求	1	2	3	4	5
3. 我不得不去面对一些不同的情形，并以不同的方式来做这些事情	1	2	3	4	5
4. 我的工作有明确的、计划好的目标与目的	1	2	3	4	5
5. 我没有确切地了解单位对我的期望是什么	1	2	3	4	5
6. 我不知道我的职责是什么	1	2	3	4	5
7. 我不明确我承担多大的责任	1	2	3	4	5
8. 我的职责没有明确的界定	1	2	3	4	5
9. 我需要减轻我的部分工作	1	2	3	4	5
10. 在工作中，我感觉负担过多	1	2	3	4	5

选择符合自己真实情形的答案	完全不同意	比较不同意	不能确定	比较同意	完全同意
11. 我承担了太多的职责	1	2	3	4	5
12. 我的工作负担太重	1	2	3	4	5
13. 我所承担的工作量太大，以致我不能保证质量	1	2	3	4	5

第五部分　个人的人格特质

以下陈述与您的个性特征是否相符？请您根据自己的真实想法，不必参考别人的意见，对以下的每一个陈述进行判断，并在右边对应的数字上画"○"或者"√"。

选择符合您认知的真实情形的答案	完全不同意	比较不同意	不能确定	比较同意	完全同意
1. 我一直在寻找新的方法来改善我的生活	1	2	3	4	5
2. 无论在哪里，我都是推动建设性变革的强大力量	1	2	3	4	5
3. 没有什么事情比看到我的想法变成现实更令我兴奋	1	2	3	4	5
4. 如果我看到了自己不喜欢的事物，我会改变它	1	2	3	4	5
5. 如果我坚信某一件事情，无论成功概率如何，我都会尽力做好	1	2	3	4	5
6. 就算别人反对，我也会坚持自己的想法	1	2	3	4	5
7. 我善于捕捉机遇	1	2	3	4	5
8. 我总是在寻找更好的做事方法	1	2	3	4	5
9. 如果我坚信某一想法，没什么障碍会阻止我使之变成现实	1	2	3	4	5
10. 我能够先于他人发现一个好机遇	1	2	3	4	5

问卷到此结束，再次感谢您的参与！